초원의 역사

초원의 역사

남정욱

기파랑

서문

좋은 역사책을 쓰고 싶었다. 역사에 별 관심 없고 아무런 사전 지식도 없는 사람이 한나절이면 읽을 수 있는, 그리고 재미있게 읽은 후 그 내용을 다 이해할 수 있는. 중고등학교 때 워낙 예방주사를 잘 놔 준 덕에 역사에는 하나도 관심 없었다. 역사라면 연도 외우고 순서 암기하는 지겨운 종목인 줄 알았다. 역사공부는 평생 가는 오락이고 나날이 누적되는 즐거움이구나. 그래서 이 책을 쓰기 시작했다. 나는 아끼기보다, 숨겨놓고 혼자 핥아먹기보다, 나누는 것을 좋아하는 사람이다.

쓰기 위해서는 먼저 읽어야 했다. 실망스러운 책들이 너무 많았다. 무엇보다 자기도 잘 모르면서 쓴 책을 보면 화가 났다. 인간이 인간한테 이래도 돼? 재미도 없고 성의도 없었다. 번역서는 더 끔찍했다. 신성로마제국을 다룬 책이었는데 프파르츠라는 지명이 나왔다. 내가 아는 한 역사적으로 중요한 독일 땅 중에 그런 지명은 없었다. 나중에 알고 보니 팔츠Pfalz를 있는 그대로, 순서대로 다 발음 한 거였다. 모르겠다. 원저자가 그렇게 썼는지 아니면 번역자가 망쳐 놓았는지 모르지만 슬프기까지 했다. 인간이 인간한테 이러면 안 돼.

그래서 도전했고 10년 공부하고 10년 쓴 책이 이 책이다. 처음에는 뭘 써야 할지 몰랐다. 10권으로 목표를 잡았는데 그거 다 채우려면 어떻게 해야 하나 앞이 안 보였다. 쓰면서, 공부하면서 반대가 됐다. 뭘 덜어내야 할지가 오히려 고민이었다. 쓸 게 너무 많아서 어떻게 하면 핵심과 진짜 중요한 의미만 다룰 수 있을지 자면서도 고민했다. 그리고 일정한 기준을 놓고 잘라내기 시작했다. 알면 좋지만 몰라도 되는 것이 그 기준이었다. 기준이 생기니까 어느 정도 서사의 틀이 잡히고 각각의 책들 사이의 통일감이 생기기 시작했다. 통일은 좋은 것이다.

역사가 왜 중요한지 뭐 이런 건 시험 답안지 쓸 때나 하는 소리다. 그런 건 다 필요 없다. 재미있다. 역사는 재미있어서 재미있다. 역사가 재미있어 지니까 비로소 세상이 보이기 시작했다. 머릿속에 환하게 불이 들어오는 느낌. 이 느낌과 내용을 어떻게 전달해야 할지 고민하고 기도했다. 그게 이 10권 시리즈의 형식이다. 누가 그랬다. 중세는 너무 복잡해서 신이라도 제대로 서술하기 어렵다고. 일부 사실이다. 로마까지는 쉽다. 로마가 문을 닫으면서 게르만족이 분화한 끝에 원시 프랑스, 독일, 이탈리아로 쪼개지고 이들이 각개 약진 하는 가운데 뒤늦게 문명의 빛이 들어간 영국 등 후발 문명이 가세하고 여기에 또 세상을 세속과 영성으로 분할한 교황까지 참가하면서 사방으로 이야기들이 펼쳐진다. 문제는 이것들이 따로 노는 게 아니라 보이게 안 보이게 연결되어 서로 영향을 미치면서 전개된다는 사실이다. 역사가 지루해지기 시작하는 지점으로 대부분 이때 역사책을 던진다. 그러나 말한대로 일부만 사실이다. 제대로 서술하기 어렵다면 그건 작가의 문제다. 잘 모르니까 내용을 꿰뚫고 있지 못하니까 우는 소리를 하는 거다. 고민을 정말 많이 했다. 그래서 중세부터 근대까지를 공간으로, 지역으로 쪼갰다. 4권부터 7권까지인 사막의 역사, 초원의 역사, 바다의 역사 그리고 대륙의 역사는 그렇게 나온 제목이다. 다행히 대항해 시대부터는 세계가 하나로 연결된다. 비로소 각 지역의 역사가 하나로 통합되는 것이다. 8권부터는 그래서 쉬웠다. 현대를 다룬 9권과 10권은 현재에서 멀지 않다. 쓰면서도 재미있고 신이 났다. 지금 세상에서 벌어지고 있는 이야기들의 기원이니까. 역사를 중계방송하는 느낌이었다. 그냥, 쓴 사람의 자랑이다.

다른 역사책들과 또 차별화된 점이 있다면 대량으로 들어간 지도다(물론 상대적이다. 더 넣고 싶었는데 아쉽다). 지도 한 장만 보면 이해할 수 있는 내용을 어렵게 읽으니까 흥미가 떨어진다. 이건 교향곡을 글로 즐기는 것보다 더 어렵다. 필요한 부분마다 지도를 넣어 이해를 높였는데 추가로, 글을 복습하는 효과가 생겼다. 공부하고 보니까 지도가 역사였다. 인간의 역사는 지리를 뛰어넘지 못하며 현재의 역사는 지리의 산물이거나 결과다. 내세우자면 이게 공간으로 역사를 쪼갠 것 다음으로 이 책들의 장점이다.

마지막으로 해당 역사에서 주연으로 등장하는 나라가 있을 때마다 그 나라의 소사小史를 정리했다. 영국, 프랑스, 독일, 이탈리아, 에스파냐, 포르투갈, 러시아, 중국, 미국, 일본의 간추린 역사인데 책마다 대략 한 나라씩 나온다. 전체 맥락과 함께 디테일을 즐길 수 있도록 노력했고 평가는 독자의 몫이다. 좋은 책이 있는 것이 아니라 좋은 독자가 있다고 한다. 그러나 그것도 배려와 양심이 있는 책이 있은 후다. 나는 양심은 있는 인간이다.

책마다 내용을 소개하는 건 지면의 낭비이자 일종의 스포일러라 생략한다. 현생 인류가 어떻게 여기까지 왔는지 지나간 시간 속으로 지적 여행을 떠나고 싶은 분들에게 조금이라도 도움이 된다면 더 바랄 것이 없겠다. 이 여정에 많은 분들이 함께 하셨으면 좋겠다. 역사는, 정말 재미있다.

차례

1.
유목 제국의 시작, 서쪽의 스키타이와 동쪽의 흉노 제국

우리는 인종을 보통 셋으로 구분한다. 흑인종, 황인종, 백인종이다. 기원은 같지만 흑인은 아프리카 주요 거주다. 황인종은 아시아, 그럼 백인종은? 유럽이라고 답하기 쉬운데 실은 중앙아시아다. 기원전 2000년부터 지구가 추워지기 시작했고 중앙아시아에 살던 일단의 무리가 서쪽과 남쪽으로 이동을 시작한다. 서쪽이 주류였고 남쪽은 소수였다. 서쪽으로 간 사람들은 유럽에 정착한다. 남쪽으로 간 사람들은 인도 원주민을 격파하고 그 자리에 눌러 앉는다. 백인을 '인도·유럽어족'이라고 부르는 이유다. 이들의 이동은 역사의 흐름을 바꿨다. 한편 중앙유라시아에서도 이에 필적할만한 이동이 벌어지고 있었다. 중앙유라시아는 아시아와 유럽을 합친 방대한 지역으로 동쪽으로는 대략 압록강 북쪽의 만주에서 시작해 몽골고원을 지나 서쪽으로 볼가, 우랄 지방까지를 말한다. 북쪽으로는 시베리아 남부 삼림 지대에서 출발, 티베트 고원을 지나 서남쪽으로 이란 동북부, 아프가니스탄 북부를 가리킨다. 이중 만주, 몽골, 카자흐스탄, 우즈베키스탄, 터키로 이어지는 북쪽 라인을 따로 지칭하여 북방유라시아라고 한다. 북방유라시아에는 두 곳의 중요한 거점이 있는데 하나는 몽골고원이고 다른 하나는 트란스옥시아나이다. 트란스옥시아나는 사르다리야 강ㅍ과 아무다리야 강 사이의 지역으로 현재의 우즈베키스탄 지역이다.

중앙유라시아의 자연 환경 중 특히 중요한 게 산맥이다. 높은 산맥이 습기를 머금은 공기의 이동을 차단해 한쪽으로는 건조한 지역을 만들고 다른 한쪽으로는 비를 내려 초원을 유지하기 때문이다. 기원전 10세기경 초원지대가 건조해지면서 물 확보가 가능한 남쪽 오아시스와 불가능한 북쪽 초원의 경계가 또렷해진다. 남쪽에는 정주 농경민이 나타나고 북방 초원에서는 이동 목축으로 생계를 꾸리는 유목민이 등장한 것이다. 기원전 7세기경 초원의 서쪽에서 한 무리의 유목민족이 세력을 키워가기 시작한다. 볼가 강을 건너 흑해 북부 연안으로 이동하면서 원주민을 몰아내고 그 지역을 차지한 이들의 이름은 이란계 유목민족인 스키타이다. 그리스어 궁수에서 유래했다는 스키타이는 기록으로 남아 있는 최초의 기마민족이며 오늘날 러시아 남부 그리고 우크라이나와 중앙아시아의 스텝 지역을 장악했던 최초의 유목 제국이다. 이들의 기동력과 전투력은 대단히 뛰어난 것으로 알려져 있다. 헤로도토스는 스키타이를 우리가 아는 모든 부족들을 능가하고 그들이 추격하는 자는 아무도 그들에게서 벗어나지 못하며 그들이 따라잡히고 싶지 않으면 아무도 그들을 따라잡을 수 없다고 적고 있다. 잡고 싶으면 잡고 잡히기 싫으면 안 잡히고 전투에는 만능이라는 얘기다. 스키타이는 기원전 2세기에 이르러 쇠락하기 시작하는데 파르티아와 사르마티아에 흡수된 것을 추정한다. 오늘날 러시아, 조지아, 터키의 소수민족인 오세트인이 이들의 직

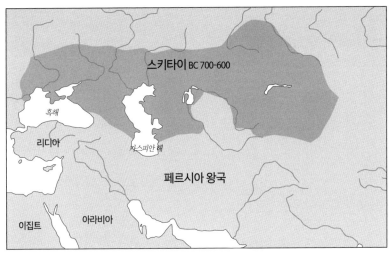

스키타이는 파르티아를 넘어서는 광대한 강역을 지배했으며 단지 이동하는 무력집단이 아니라 초원 예술이라 불리는 문화 양식 등 독자적인 문명을 가지고 있었던 명실상부한 제국이었다. 다만 통치 시스템은 정교하지 못했고 부족 동맹 차원의 제국은 구조적으로 오래 지속될 수 없었다.

계 후손이고 우크라이나인들은 스키타이와 슬라브인 혼혈의 후손이다.

한편 스키타이의 동쪽 몽골고원에는 또 다른 유목 민족이 발흥하고 있었다. 흉노족이다. 튀르크, 몽골, 만주 퉁구스계의 부족연합이었던 흉노는 몽골고원과 주변 초원을 지배한 최초의 유목민족이다. 진정한 의미에서 세계 최초의 유목 제국이라고 부르기도 하는데 스키타이의 핵심 세력인 스키타이족과 킴메르족이 부족 동맹 차원이었던 것에 비해 뚜렷한 맹주가 있었고 통치 시스템이 갖추어져 있었기 때문이다. 역사책을 읽다보면 흉노족과 흉노제국 그리고 튀르크족과 몽골족이 혼재되어 등장하는 바람에 헷갈리기 쉽다. 정리하자면 중국의 입장에서 북쪽의 유목민족을 통치하는 게 흉노족이고 이들은 튀르크계와 몽골계가 주력이었으며 이중 튀르크계가 건설한 것이 흉노 제국이다. 흉노 제국에 이은 것이 역시 튀르크계가 건설한 돌궐제국이었고 다음으로 등장한 것이 몽골계가 건설한 몽골제국이다. 다시 흉노로 돌아가자. 스키타이를 소개한 게 헤로도토스라면 흉노를 세상에 알린 건 사마천이다. 『사기史記』에는 춘추전국시대 한, 조, 위, 연, 제나라가 진나라를 공격할 때 흉노가 연합군으로 참전한 것으로 되어 있다. 이렇게 중국문자 역사에 처음 등장한 흉노는 이때부터 중국의 골칫덩이이자 경쟁자이자 위협자로 계속 속을 썩인다.

역시 『사기』의 흉노 열전에 따르면 흉노족은 하나라 하후씨의 후예로 시조는 순유라고 하며 훈죽, 험윤 등으로 불리다가 진나라 때부터 흉노라는 타이틀을 얻는다. 중국은 진, 한 시대를 거치면서 사방의 이민족들을 비하하여 동이, 서융, 남만, 북적이라고 했는데 북적에 해당하는 것이 이 흉노다. 보통은 흉측한 노예라는 의미로 알려져 있지만 흉이 'Hun'의 음사이고 퉁구스어에서 Hun은 사람이란 뜻이니 꼭 그렇게 볼 것만은 아니다. 실제로 흉노라는 호칭은 흉노 스스로도 자신들을 부를 때 사용했는데 자존심이라면 절대 양보하지 않는 북방 민족이 스스로를 낮춰 불렀을 리가 없다. 황제에 해당하는 흉노어가 선우다. '당그리고도선우'의 약칭인데 당그리 혹은 탱그리는 하늘의 신, 고도는 아들을 의미하니 하늘의 아들이란 뜻이겠다. 다만 선우가 무엇을 뜻하는 말이었는지는 아직도 밝혀진 바가 없다. 유목민족인 흉노는 국민이 모두 병사인 국민·군사 일체국가였다. 흉노의 전력戰力은 달리는 말 위에서 사방으로 활

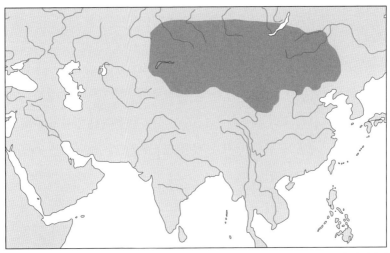

기원전 250년경의 흉노 영향권. 대략 620만km²에 달했다고 하는데 페르시아 제국이나 알렉산더 마케도니아 제국의 최대 영토가 600km² 안팎, 전성기 로마제국의 최대영토가 650만km²였던 것을 생각해보면 어마어마한 넓이다. 물론 못 쓰는 땅, 사람이 살지 않는 땅이 많기는 했지만. 참고로 경쟁자였던 한나라가 가장 융성했던 한무제 시기의 최대영토는 720만km²였다.

을 날리는 기사술騎射術에서 나온다. 유목민족은 서너 살 때부터 말을 타기 시작하며 말 위에서 식사를 하거나 잠을 자기도 하니 인간과 말이 아예 하나인 셈이다. 흉노의 전술은 먼저 중앙부대가 적을 공격한 뒤 패배한 척 후퇴하면서 적을 끌어들이고, 나중에 양옆의 좌우기마군단이 가세하여 도륙을 내는 방식이다. 나중에 '망구다이'라는 몽골군의 전술로 세상에 널리 알려진 전법이기도 한데 공격하는 입장에서는 알면서도 매번 말려 들어가는 독특한 방식이다. 후퇴하는 적을 쫓아 격멸해야 전투를 승리로 마무리할 수 있는데 진짜 후퇴인지 전술적 후퇴인지 매번 판단해야 하니 공격하는 입장에서는 아주 골치 아픈 전술인 것이다(실은 매우 보편적인 전투 기술이다. 일본에서는 메이지 유신의 주력 중 하나인 사쓰마의 시마즈 가문이 이 전술을 잘 활용했다).

흉노의 정치조직은 『사기』에 자세히 기록되어 있다. 하늘의 아들인 선우가 통치서열 1위, 그 밑으로 좌현왕左賢과 우현왕이 있으며 아래로 11위까지 나누어진 구조다. 좌현왕은 다음 선우가 될 유력한 인물이 주로 맡으며 보통은 선우의 아들 차지다. 좌현왕과 우현왕은 소규모의 군사, 정치 문제에 있어 자율권을 가지고 있어 그 아래의 서열들과 구분된다. 이외에도 대신大臣과 벼슬이 복잡하게 많은데 굳이 알 필요까지는 없어 생략한다. 다만 보통 유목민족이라고 하면 질서정연과는 관계가 없을 것 같다는 선입견이 있는데 의외로 정교한 행정 시스템을 가지고 있었다는 사실만 기억하면 되겠다. 우리는 고대 시대의 전쟁을 무조건 힘의 우위로만 판단해 무식해도 싸움만 잘하면 끝이라고 생각하지만 사실 전쟁은 그 사회가 가진 '정보'와 '지식'의 총량이다. 고대시대에 전쟁을 잘했다면 그 당시로는 선진적인 국가였다는 말씀이다. 흉노는 기원전 4세기부터 세를 불리기 시작했는데 당시 여러 부족들을 통합한 사람이 두만 선우라는 인물이다. 중국이 진나라 이후 분열되었다가 다시 통일의 조짐을 보이던 3세기 후반 덩달아 북방도 통합의 움직임이 구체화된다. 당시 북방의 막상막하 세 강자인 동호와 월지, 흉노 중 최종 승자는 흉노가 된다. 승리자의 이름은 묵돌선우였다. 태자 시절 아버지인 두만에 의해 쫓겨날 뻔했던 그는 기원전 209년 아버지를 죽이고 일인자의 자리에 올랐고, 잠시 몸을 낮추는 전략으로 동호를 기만하다가 방심한 틈을 타순식간에 동호를 격파했고 서쪽으로는 텐산산맥의 월지를 공격해 이들을 중앙아시아로 밀어냈다. 이어 자잘한 여러 부족들은 알아서 흉노에 복속되었으니 이는 서쪽 유목 제국 스키타이에 이어 세워진 두 번째이자 동쪽 최초의 유목 제국이었다. 월지는 중앙아시아로 밀려난 후 대월지를 세웠고 일부는 인도 서북부로 몰려가 큐샨 왕조를 세운다.

묵돌이 선우에 오르는 과정은 드라마틱하다. 아버지인 두만은 첩에게서 새로 아들을 얻자 생각이 바뀐다. 묵돌을 쳐내고 첩실의 아들을 선우로 만들 생각을 한 것이다. 그래서 짜낸 계책이 참 졸렬한데 아들인 묵돌을 월지국에 볼모로 보내는 것이었다. 그래놓고 두만은 월지국을 공격한다. 흉노가 월지를 치면 월지국에서 묵돌을 죽일 것이라 판단한 것이다. 그러나 묵돌의 행동은 아비보다 한 수 빨랐다. 흉노에서 군사를 모은다는 소식을 듣자 일찌감치 월지국을 탈출한 것이다. 그냥 도망 온 것도 아니고 월지국 왕의 애마까지 훔쳐 온 묵돌을 보고 두만은 생각을 고쳐먹는다. 기병 1만을 주어 대장으로 삼은 것인데 군사를 나누어주었다는 것은 두만에 대한 신뢰가 수직 상승했다는 얘기다. 그러나 묵돌의 마음은 이미 아버지에게서 돌아선 지 오래였다. 그는 아버지에게 받은 1만의 기병을 오로지 아버지를 죽이는 데 활용한다. 흉노에게는 명적鳴鏑이라는 전통의 화살이 있다. 말 그대로 날아가면서 소리를 낸다고 하여 붙여진 이름인데 효시嚆矢라고도 한다. 묵돌은 기병들에게 자신이 명적을 쏘면 그 즉시 같은 방향을 따라서 쏘도록 지시했다. 처음에는 자신의 애마를 쏘았다. 몇몇이 주저하자 묵돌은 바로 이들의 목을 베었다. 다음에는 자신의 애첩을 쏘았다. 또 몇이 굼떴고 그들 역시 목이 날아갔다. 이런 일을 겪으면서 목돌의 기병들은 묵돌이 화살을 날리는 방향에 기계적으로 따라 쏘는 것이 몸에 밴다. 두만과 함께 사냥을 나간 자리였다. 기회를 엿보던 묵돌은 대뜸 아버지를 향해 활을 쏜다. 따라간 기병들이 일제히 두만을 조준 사격한 것은 말할 필요도 없겠다. 수많은 화살이 소리를 내며 날아가 인간의 신체에 꽂히는 장면은 장엄하고 참혹했다. 두만은 온몸에 화살이 박혀 고슴도치처럼 꼴사납게 죽었고 묵돌은 주변의 두려운 시선 속에서 선우 자리에 오른다. 그의 카리스마는 아버지를 죽이고 얻은 것이었다. 묵돌은 기원전 209년 선우의 자리에 오른다. 진시황이 죽은 다음 해였고 마침 진시황의 명령에 따라 흉노를 토벌했던 몽염이 모함으로 자살한 해였다.

2.
한나라의 건국과 이상한 화친

진나라 말기인 기원전 209년 중국 역사상 최초의 농민 반란인 진승과 오광의 난이 일어난다. 둘은 하급 장교 출신으로 처음에는 농민 출신 병사들이 주력이었으나 나중에는 일반 농민들까지 가세하여 급격히 세력이 불어난다. 진나라 타도를 구호로 삼은 이들은 황하 이남의 성 수십 개를 함락하며 국호를 장초라고 하는 등(초나라를 계승한다는 의미) 나라 흉내를 내지만 1년 만에 진압되는 것으로 반란은 막을 내린다. 그러나 그것은 끝이 아니라 진나라 시스템 붕괴를 알리는 신호탄이었다. 통일 이전의 제후 세력들은 각자의 지역에서 슬슬 목소리를 내기 시작했고 특히 초나라 후예들의 공세는 진나라의 수명을 빠르게 단축시킨다. 초나라 귀족 출신인 항량은 초나라 회왕懷王의 손자인 심心을 옹립하며 반란을 주도했고 항량이 전사하자 그 자리를 물려받은 조카 항우는 거록 전투에서 진나라의 20만 대군을 격파하며 사실상 진나라의 숨통을 끊는다. 그러나 이후 세상의 흐름은 항우의 편이 아니었다. 볼 것 없는 농민군 지도자 유방에게 패배한 끝에 항우는 영화 「패왕별희」의 소재만 제공하고 신산하게 역사의 뒤안길로 사라진다. 그의 나이 31세 때의 일로 우희라는 애첩의 이름과 사방이 온통 초나라 노래라 절망적이라는 뜻의 '사면초가'라는 사자성어를 남겼다.

기원전 202년 유방은 공식적으로 한나라를 출범시키며 한고조로 즉위한다. 워낙에 진나라가 행정의 틀을 잘 잡아놓은 터라 관료 제도는 손볼 게 없었다. 다만 진나라의 중앙집권적 군현제(전국을 36개 군으로 나누어 황제가 임명한 군수가 다스리는 제도)만은 한고조의 실력으로는 감당이 어려워 군국제郡國制라는, 중앙만 황제가 통치하고 지방에서는 봉건제를 시행하는 절충안으로 체제 정비를 마친다. 한고조와 10여 개 제후국이 함께 다스리는 일종의 집단지배 체제로 천하통일이 겉모습에 불과했다는 말씀이다. 그러나 더 큰 위협은 내부가 아니라 북방의 유목 기마 민족이었다. 바로 흉노다. 묵돌선우의 흉노제국은 가을만 되면 한나라를 침략해 겨울나기 필수품을 약탈해 갔고(여기서 나온 말이 '천고마비'다. 좋은 의미가 아니다. 하늘이 높고 말이 살찌니 북쪽 오랑캐가 쳐들어오는 계절이란 뜻이다) 이는 나라를 막 세운 한고조에게는 체면 문제이기도 했다. 결국 한고조는 흉노와의 전쟁에 돌입하지만 자기까지 포로가 될 뻔한 아찔한 상황을 연출하며 스타일을 구긴다. 결국 흉노와 화친을 맺었는데 말이 화친이지 실상은 조공관계로 매년 대량의 생필품을 바치는 처지가 된다. 한고조 사망 후에도 흉노의 뻔뻔함은 계속 이어진다. 심지어 묵돌선우는 한고조의 부인인 여황후에게 "밤이 외롭냐. 내가 도와줄까?"라는 내용의 모욕적인 편지까지 보낸 일이 있었는데 꾹 참고 버틴 것은 도저히 흉노와의 전쟁을 수행할 자신이 없었기 때문이다. 당시 한나라의 인구는 대략 5,000만 명이었는데 흉노는 많이 잡아봐야 100만 명 수준이었다. 문제는 이 100만 명이 그 광활한 땅에 띄엄띄엄 거주하고 있는데다 유목민의 특성상 이동이 잦아 타격 지점을 확정할 수 없다는 것이었다. 보급 등을 감안할 때 흉노와 전쟁을 벌일 수 있는 기간은 40여 일 남짓이었고 이 사실을 알고 있는 흉노는 적당히 대응하며 한나라 군대의 기운을 빼다가 이들이 지칠 무렵 공세를 취하는 전략으로 매번 한나라 군대를 격파했다. 『사기』의 흉노열전에 보면 싸움이 유리할 때에는 나아가고 불리할 경우에는 후퇴했는데 도주를 전혀 수치로 여기지 않았다고 한다. 가뜩이나 넓은 지역에서 이런 성격의 군대와 맞서 싸우는 것은 고달프다. 상황이 역전된 것은 기원전 141년 한무제 유철이 7대 황제로 즉위하면서부터다. 우리와는 한 사군 설치로 악연이 있는 인물이지만 중국에서는 최고의 황제 중 하나로 꼽는 명군이다.

초원의 역사를 다루면서 왜 중국 이야기를 하는지 궁금하실 수 있겠다. 중국의 역사와 북방 초원의 역사는 맞물려 돌아가기 때문이다. 춘추전국시대를 거치면서 당시 남쪽 오랑캐였던 초나라가 중원의 질서에 포함된다. 전국시대에 이르러서는 서쪽의 진나라가 이 질서 안으로 들어오면서 중국이라는 나라의 기본 경계가 완성된다. 남은 것은 북쪽인데 이 상태에서 더 이상의 포섭 없이 경계가 확정되면서 중원의 한족 문화권과 북방 유목민족의 대결구도가 고착된다. 이는 북방민족에 대한 배제였지만 다른 한편으로는 북방 민족의 자발적 선택이기도 했다. 남방 민족들은 기꺼이 중원의 질서를 선택했지만 북방 민족들은 유목 민족이라는 특성상 자주적이고 독립적인 성향으로 그 질서에 순응하는 것을 달가워하지 않았다. 게다가 이들은 은근 농경민족을 낮춰보는 경향까지

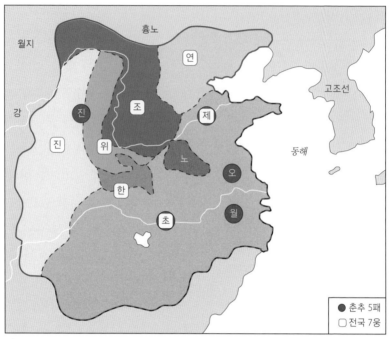

지도 A

있었다. 땅에 묶여 사는 게 구질구질하다는 이유였다. 한편 진나라 이후 중국의 역사에서 엄밀히 말해 순수한 한족 정권은 한나라, 송나라, 명나라 정도고 나머지는 이민족 정권이었다는 사실도 초원의 역사에 중국을 포함시킨 이유다. 수, 당은 탁발, 선비계였고 요, 금, 몽골(원나라), 청나라는 이민족이 세운 정복 왕조다. 이걸 전부 중국 역사라고 말하는 것은 무리가 있지 않을까. 어쩌면 중국이라는 나라는 실체가 없으며 누구든 들어와 차지하면 자기네 역사로 만들어버리는 이상한 나라인지도 모르겠다. 이해를 돕기 위해 지도 두 장 보자.

지도 A는 춘추전국시대의 지형도다. 서쪽으로 진, 남쪽으로 초나라,

지도 B

동쪽으로 한, 조, 위, 연, 제, 북쪽으로 월지, 강, 흉노가 보인다. 원래 중국은 가운데 있는 나라라는 뜻이 아니라 중원中原에 있는 나라라는 의미였다. 중원은 황하 중하류 지역인데 지도B를 보면 큼지막하게 동그라미 친 곳이다. 황하를 기준으로 강 위쪽의 하북, 강 아래의 하남 그리고 삼각형으로 표시한 태산(태산이 높다한들 할 때의 그 태산)의 동쪽인 산동山東과 서쪽의 산서山西에 작은 동그라미 관중關中지역을 더하면 중원이 된다. 진나라가 통일을 하면서 중원에 서쪽 지역이 더해지고 이어 남쪽의 초나라 강역이 포함되면서 명나라 때 중국의 기본 영역이 확정된다(후금과 몽골의 압박으로 중국의 중심이 남쪽으로 내려오면서 중원은 화북지방으로 불리기도 한다). 현재 중국은 이 강역에 청나라 때 정복한 서북의 신장위구르와 서남의 티베트가 더해진 형태다. 내친김에 지도 B의 한반도 위쪽 강 3개를 더 보자. 요하遼河강은 한족과 이민족이 사는 땅을 구분해주는데 자연히 동쪽은 요동, 서쪽은 요서가 된다. 한반도 방향으로 볼록 튀어나온 부분의 명칭이 요동遼東반도인 것도 같은 이유다. 흑룡강은 아무르강이라고도 하는데 남북으로 청나라와 러시아의 경계가 된다. 우수리강은 만주와 연해주의 경계가 된다. 이 지도만 잘 숙지해도 중국과 한반도 북쪽을 지정학적으로 쉽게 이해할 수 있다.

중국 역사는 흉노와 한나라가 화친을 맺은 기원전 198년부터 묵돌이 죽은 기원전 176년까지 그의 행적을 일체 기록하지 않았다. 흉노 역시 기록을 남기는 민족이 아니었기에 우리는 그가 어떻게 죽음을 맞이했는지 알 수 없다. 묵돌이 사망하자 그의 큰아들 계육이 선우로 등극한다. 기원전 160년까지를 지배한 노상 선우다. 새로운 왕이 즉위하자 한나라는 또다시 공주를 흉노에 보낸다. 묵돌과 유방이 맺은 화친 조건에 따라 종실의 공주를 흉노 선우에게 시집보내기로 한 약속을 이행한 것이다. 이때 공주의 흉노행을 수행한 사람이 연나라 출신 환관 중항렬이다. 처음 중항렬은 임무를 수행하지 못하겠다고 버텼다. 그 일을 가문의 수치로 여겼기 때문이다. 한문제가 임무 이행을 계속 강제하자 중항렬은 자신이 흉노에 가게 되면 두고두고 후회하게 될 것이라는 의미심장한 말을 남기고 한나라를 출발한다. 흉노에 도착한 중항렬은 그 즉시 흉노에 귀순하겠다는 의사를 밝혀 선우의 신임을 얻는다. 동시에 한나라의 고급 정보가 모조리 흉노로 넘어간다. 중항렬은 한문제에 대한 사적인 복수도 잊지 않았다. 흉노 황제가 한나라에 서신을 보낼 때의 크기를 한나라 황제가 흉노 황제에게 서한을 보낼 때보다 두 배로 하여 누가 '갑'인지 제대로 알려주었다. 한나라의 사신이 와서 이런저런 이야기를 늘어놓으며 은근히 한나라가 흉노보다 정신적으로 한 수 위라는 사실을 드러낼 때마다 중항렬은 그 즉시 말을 자르고 단호하게 공지 사항만 통보했다. 여러분의 우아한 훈계 따위는 필요 없으니 비단, 무명, 누룩, 쌀이나 좋은 것으로 바칠 것이며 혹시라도 물건에 하자가 있거나 질이 떨어지면 곡식이 익는 가을에 흉노의 기마병이 여러분을 짓밟아버릴 것이라는 선뜩한 경고였다. 중항렬은 자신이 한 말을 최선을 다해 지켰고 일

개 환관이라고 그를 무시했던 한나라는 그 대가를 톡톡히 치러야 했다. 중항렬은 흉노의 장점과 단점을 알았다. 그는 흉노가 한나라의 풍족한 물자에 익숙해지게 되면 주종관계가 뒤바뀔 것이라는 간언을 수시로 올렸다. 정신이 물들면 육체도 따라서 무릎을 꿇는다는 설명이었다. 중항렬은 흉노의 강건함을 혹독한 유목 생활을 통해 얻어진 미덕으로 보고 절대 이를 포기하지 말 것을 주장했다. 그의 우려는 나중에 현실이 된다.

한자漢子 한족漢族 그리고 동아시아 문명

중국 이야기를 하다 보니 한자가 많이 나온다. 읽기에 불편할 수도 있고 읽어도 무슨 말인지 모를 수도 있지만 병기한 이유가 있다. 한자는 한족漢族 혹은 한인漢人과도 밀접한 관련이 있을 뿐 아니라 동아시아 문명의 뼈대가 되는 문자 체계이기 때문이다. 왜 뼈대인가. 당장 '한자는 한족漢族 혹은 ~ 문자 체계이기 때문이다'라는 앞의 문장에서만도 한자가 아홉 번이나 쓰였다. 한자 없이는 우리 말 표현이 거의 불가능하다는 얘기다. 한편 중국에 없는 우리만의 고유한 문화나 사물에 한자를 이용하여 이름을 붙인 것을 한국식 한자어라고 하는데 우리가 부지불식간에 쓰는 한국식 한자어에는 감기感氣, 고시원考試院, 공주병公主病, 공책空冊, 대중교통大衆交通, 맥주麥酒, 명함名銜, 무궁화無窮花, 문병問病, 민폐民弊, 비수기非需期, 산소山所, 상사병相思病, 생선生鮮, 성희롱性戲弄, 수표手票, 식수食水, 양말洋襪, 외계인外界人, 원어민原語民, 이사移徙, 자기편自己便, 전세傳貰, 정체성正體性, 죄송罪悚, 주유소注油所, 지갑紙匣, 청첩장請牒狀, 초등학교初等學校, 친구親舊, 태엽胎葉, 현찰現札, 환장換腸 등등이 있으며 다 모아 놓으면 사전으로 만들어야 할 정도로 어마어마한 분량이다(사례 열거를 많이 한 이유는 어라? 이것도 한자였어? 싶은 단어가 의외로 많기 때문이다).

그럼 이 한국식 한자어들이 중국에서 통할까. 대체로 통한다. 중국에 가서 언어가 막힐 때 필담筆談을 해 본 사람은 안다. 중국은 우리가 아는 한자가 아닌 간체를 쓰지만 번체를 읽을 줄은 알아 의사소통의 거의 90%가 가능하다. 물론 의미가 다른 경우도 있다. 동형이의어同形異意語라고 하는데 가령 애인愛人은 우리에게 연애 관계에 있는 사람을 말하지만 중국에서는 결혼한 배우자를 가리킬 때 사용한다. 참고로 일본에서는 불륜 상대를 말한다. 야근夜勤은 우리에게 초과 근무를 뜻하지만 중국에서는 단순히 밤에 하는 일이다. 외도外道의 한국어 해석은 바람피우는 일이다. 일본에서는 부정적인 행위나 그런 행위를 저지르는 사람 자체를 가리킨다. 중국에서는 주로 형용사로 쓰이는데 남처럼 대하다 혹은 예절을 너무 차려 오히려 서먹하다의 의미다. 학원學院은 한국어에서 사설 교육 보조원을 의미하지만 중국어에서는 단과대학을 의미한다. 한국어만 그럴까. 일본어는 일본어를 전혀 모르는 사람도 한자와 가타카나(片仮名カタカナ)만 알면 간단한 상품 설명, 식당 메뉴판, 주의사항 정도는 뜻을 짐작할 수 있다.

해서 한자가 동아시아 문명이 뼈대라는 표현은 절대 과한 것이 아니다. 한자가 없이는 우리는 우리말을 지켜낼 수가 없다. 그럼 한자가 한족 혹은 한인과도 밀접한 관련이 있다는 얘기는 무엇인가. 우리나라는 국가와 민족이 거의 동일한 나라다. 중국은 아니다. 중국 전체 인구 14억 명 중 91%를 차지한다는 한족은 그러나 동일한 민족이 아니다. '한족'이라는 민족명은 중국 문화를 정립한 한漢나라에서 유래했지만 한나라에 기원을 둔 한인은 황건적의 난 때 사실상 생물학적으로 멸종했다. 그리고 그 뒤로 중원을 차지한 사람들이 한자를 쓰면서 한인을 자처했다(보통 하이브리드 한족이라고 부른다). 이런 이질적인 사람들을 하나로 묶어주는 것이 바로 한자다. 정의하자면 한자를 통해 의사소통을 하는 사람이 한인漢人이란 얘기다.

3.
문제적 인간 한 무제의 등장

　기원전 166년 흉노는 다시 한번 한나라를 발칵 뒤집어 놓는다. 수도인 장안을 위협할 정도로 깊숙이 군사를 밀어 넣은 것인데 당황한 문제는 화친을 확인하는 서한을 보내 선우를 달랜다. 앞으로도 한나라는 화친을 깰 생각이 전혀 없으며 두 나라의 우애는 계속될 것이라는 애원에 가까운 내용이었다. 그러나 흉노의 선우는 문제의 편지를 성의 없이 읽었다. 그 뒤로도 흉노의 약탈은 계속 되었으며 요구하는 물품의 가짓수와 양도 더 늘어났다. 이는 조공에 맛을 들인 흉노가 더 이상 겨울나기에 스스로의 노동력을 쓰지 않고 있음을 반증하는 의미였다. 한나라의 지속적인 조공 물품 확대에도 나름의 전략은 있었다. 중항렬이 우려했던 대로 물질로 흉노를 나태하게 만들면 정신이 허약해져 결국 이들을 복속시키는 일도 가능하다는 계산이었다. 이 무렵 나중에 7대 한나라 황제에 오르는 무제가 태어난다. 기원전 156년의 일로, 그의 어머니는 태양을 꿈에 안는 태몽을 꾸었다고 한다. 한무제의 성격은 괄괄하고 다혈질이었다. 자신의 심기를 거스르면 가족이라도 예외 없이 처벌했고 고문과 잔혹한 형벌을 내리는 것으로 악명을 떨쳤다. 사마천을 고자로 만들어 버린 것도 이 인물로, 잔혹한 면에서는 진시황과 통하는 구석이 있었다. 한 무제는 16살에 황제 자리에 오른다. 당시 흉노의 선우는 군신 선우였다. 무제는 일방적으로 불리하고 불공평한 흉노와의 화친을 끝내기로 결심한다. 그의 계획은 흉노를 살살 달래다가 일격에 박살내는 것이었다. 그의 치세 초반 흉노에 대한 대우는 더 후해졌고 조공하는 물품의 양도 늘어난다. 당시 한나라 조정에서는 주화파가 주전파가 대립하고 있었다. 무제는 주전파에게 힘을 실어준다. 기원전 133년 무제는 30만의 병력을 매복시키고 군신 선우를 안문이라는 곳으로 유인한다. 흉노는 기본적으로 의심이 많은 민족이다. 군신 선우의 눈에 사람은 하나도 없고 가축만 있는 안문이 이상하게 보이지 않을 리 없었다. 군신 선우는 즉각 철수를 명했으며 아슬아슬하게 함정에서 벗어난다. 이 일로 흉노는 공식적으로 한나라와 화친을 끊는다. 다음 수순은 전쟁이었다.

한 무제가 효과적인 흉노 토벌을 위해 주목한 곳은 서역이었다. 군사적인 이유는 물론 경제적으로도 실크로드의 확보라는 차원에서 꼭 필요한 지역이었다. 한 무제는 서역의 대월지국이 흉노에게 극도의 복수심을 가지고 있다는 사실을 알고 있었다. 예전에 흉노가 월지의 왕을 죽여 그 두개골로 술잔을 삼은 뒤 월지는 흉노에 대한 원한이 차고 넘쳤던 것이다. 그래서 파견한 인물이 장건이다. 그는 한 무제의 사신 공모를 통과한 하급 관료로 용감하고 유능한 인물이었다. 사신이 대월지로 가려면 흉노 땅을 통과해야 한다. 장건은 기원전 138년 대월지로 떠났고 우려했던 대로 흉노에게 포로로 잡히고 만다. 무려 10년의 포로생활 끝에 장건은 마침내 흉노를 탈출하여 대월지에 도착한다. 문제는 그 사이 대월지의 체질이 바뀌었다는 사실이다. 당시 대월지는 현재의 아프가니스탄 북쪽인 대하를 정벌하면서 얻은 물질적인 풍요로 야성과 복수심을 거의 다 잃어버린 상태였다. 실망한 장건은 터덜터덜 왔던 길을 되돌아오다 흉노에게 또 포로로 잡힌다. 다행히 군신 선우가 죽고 그의 동생이 태자를 몰아내고 선우 자리에 오르는 혼란기여서 이번에는 1년 만에 탈출에 성공한다. 처음 출발할 때 100명이었던 사절단은 12년 세월 동안 장건과 부하 한 명으로 줄어있었다. 얼마간 심신을 추스른 장건은 같은 목적으로 원행에 오른다. 이번 목적지는 현재의 신장 위구르 자치구에 있는 오손鳥孫 왕국이었다. 그러나 오손은 흉노에 대해 필요 이상으로 위축되어 있었고 심지어 한나라 사절인 장건을 홀대하는 행동까지 보인다. 군사 파트너로서는 영 아니었다. 동맹을 맺는 데는 실패했지만 장건의 임무가 모조리 쓸 데 없었던 것은 아니다. 한 무제는 장건을 통해 서역에 대한 정보를 이전보다 훨씬 많이 접할 수 있었으며 서역에 무려 36개국이 있다는 새로운 사실도 알게 된다. 안식국(파르티아)와 페르시아에 대한 정보가 들어온 것도 이때다. 장건 덕분에 서역 나라들도 한나라의 존재를 알게 된다. 이는 상업적인 교류로 이어졌는데 서역으로부터 포도, 오이, 파, 당근, 마늘, 석류, 사프란, 유리 등이 들어왔고 한나라의 비단과 구리, 칠기, 죽기가 서역으로 전해진다. 장건의 보고서는 여러 방향에서 활용되었으며 서역 견문을 쓴 장건은 지금도 미지의 세계를 개척한 위대한 인물로 평가된다. 장건은 서쪽 세계를 인식한 최초의 중국인이었다.

흉노의 입장에서 장건의 보고서는 치명적이었다. 장건의 보고서를 바탕으로 한 무제는 서역으로 진격하여 준가리아, 투르판(현재의 신장 위구르 북부 지역) 등 흉노가 장악했던 지역을 점령했고 이는 조금씩 흉노의 숨통을 조이게 된다. 흉노의 재정은 실크로드를 왕래하는 상인들로부터 받은 통과세와 보호세에 크게 의존했기 때문이다. 한나라가 조공을 중단한 데 이어 서역에서 나오는 세금까지 끊기자 흉노는 경제적으로 큰 타격을 입게 된다. 흉노에 충성을 맹세했던 부족들이 하나둘 등을 돌리게 된 것은 한나라가 얻은 부록이다. 장건이 돌아올 때까지 한 문제가 마냥 손 놓고 기다린 것은 아니었다. 장건이 흉노에서 포로 생활을 하던 중인 기원전 129년부터 한 무제는 흉노와의 전쟁에 돌입한다.

한 무제가 감행한 1차 흉노 전쟁의 지휘관은 위청과 곽거병이다. 위청은 한 무제의 누나인 평양공주平陽公主의 노비로 양치는 일을 하던 미천한 신분이었다. 그러나 평양공주 집에 들렀던 한 무제가 미모와 가창 실력이 남달랐던 위청의 여동생 위자부衛子夫에게 반해 그녀를 데려갔고 위청도 덩달아 궁에 들어가게 된다. 무제의 후궁이 된 위자부는 아이를 낳지 못하는 진황후 대신 그 자리를 차지하고 위청도 출세가도를 달린다(중국 연속극에 자주 등장하는 위황후가 바로 이 인물이다. 자부는 이름이 아니라 자字의 뜻이며, 이름은 알려지지 않았다). 1차 흉노 전쟁을 준비하면서 무제는 위청에게 장군 벼슬을 제수하여 군을 지휘하게 한다. 벼락출세나 여동생 찬스가 아니었다. 양치기 일을 하며 익힌 위청의 말 타기와 활쏘기가 워낙 탁월했기 때문이다. 타고 난 겸손 역시 위청의 미덕이었다. 그는 아랫사람을 함부로 대하는 법이 없었고 사대부를 만나면 깍듯이 예를 갖추었다. 고대古代에 수직 출세한 인물치고는 아주 특이한 캐릭터였다(조심스러웠거나). 나중에 위청은 대장군의 자리에까지 오르고 미망인이 된 평양공주의 남편이 된다. 정말 드라마가 따로 없다. 고대 중국 장군 베스트의 역사에서 상위권에 랭크되는 곽거병은 위청의 조카다. 1차 흉노 전쟁 당시 일곱 번의 출정 중 마지막 전투에 참가한 곽거병은 기병을 몰아 적진을 휩쓸어 무제의 눈에 들었고 역시 빠른 속도로 출세길에 오른다. 곽거병은 특히 기병 전술에서 강점을 보였고 무제는 즉시 곽거병을 장군의 자리에 앉힌다. 한 무제의 판단은 정확했고 곽거병의 활약은 눈부셨다. 흉노 전쟁에서 전공을 가장 많이 세운 장군 중의 하나가 곽거병이다. 곽거병은 흉노의 보물을 탈취하고 왕족들을 잡아 바쳐 무제의 총애를 독차지했으며 수억 금의 포상금까지 챙겼다. 기원전 129년 위청이 용성을 공략하는 것으로 시작된 흉노 전쟁은 기원전 119년 막북 대전으로 한나라의 승리가 확정될 때까지 모두 11차례에 걸쳐 펼쳐졌다. 흉노가 패배한 것은 서역에서의 영향력을 상실했기 때문이다. 흉노는 전쟁 물자 공급에서 심각한 어려움을 겪어야 했고 경제난에 시달렸다. 전쟁에서 이겼다고는 하지만 한나라 역시 국가 재정이 고갈된다.

한나라가 전쟁으로 차지한 기련산^山 일대는 해발 고도 5천m의 광대한 초원지역으로 흉노족이 말을 기르던 곳이었고 인근의 언지산^山은 실크로드를 지키는 요새였다. 한나라는 이곳에 10만 명의 사람들을 이주시켜 성벽을 쌓았고 북방 경비를 맡도록 한다. 세력이 위축된 흉노는 고비사막 북쪽으로 근거지를 옮기게 되는데 이후 북방유목민족의 침공은 심하게 위축된다. 아무리 유목민족이라지만 사막을 통과해 전쟁을 하는 것은 쉽지 않은 일이다. 한 무제는 하서에 사군^{四郡}을 설치하여 서역 무역로를 확보하고 흉노와 티베트의 연결을 차단한다. 하서사군에는 그 유명한 돈황이 포함되며 고조선에 설치한 한사군 역시 이때의 경험

을 토대로 한 것이다. 점령 지역에 군郡을 설치하는 이 방식에서 둔전제
屯田制가 생겨났다. 변방 수비대의 경우 중앙에서의 물자 조달이 쉽지 않
다. 해서 병사들에게 농사를 짓게 하거나 그 지역에 농민들을 이주시켜
직접 경작을 하는 것이 둔전제의 핵심이다. 기원전 110년 무제는 흉노
선우 오유에게 서신을 보낸다. 어찌 멀고 추운 곳에 숨어 있는 것이며 전
쟁을 원치 않는다면 마땅히 한 왕조에 신하로 복속하라는 내용이었다.
한나라와 흉노의 위상이 바뀐 것이다. 흉노는 몰아냈지만 한 무제가 꿈
꿨던 서역의 완전 정복은 결국 달성되지 못했다. 서역의 정복은 이후 한
참 시간이 지난 청나라 시대에 이루어진다.

둔전은 주로 군사적인 목적으로 군인들을 동원해 만드는 군둔軍屯이
대표적이지만 꼭 군사적 목적이 아닌 경우에도 둔전이라 부른다. 이럴
때는 민둔民屯이나 관둔官屯이라는 표현을 쓴다. 장점이 몇 가지 있다. 일
단 군량미 걱정을 일부 덜어준다. 그리고 농사를 짓는 과정에서 군사훈
련 비슷한 것을 겸할 수 있다. 전근대 사회의 군대는 근현대국가처럼 제
대로 된 군사조직이 아니다. 지휘관들이나 폼나게 차려입고 군인 흉내
를 냈지 나머지는 농민들을 엉성하게 엮어놓은 집단에 가까웠다. 때문
에 농사일을 하며 팀워크를 기르고 농기구를 휘두르는 체력단련만으로
도 유효한 훈련이 될 수 있었다. 민둔의 경우 인민들을 땅에 묶어놓는
효과도 있었다. 변경지역이 대부분인 까닭에 전투가 벌어지는 것이 일상
이었고 이때 피난을 갔던 농민들은 죽으나 사나 다시 자기 지역으로 돌
아와 다시 복구를 해야 했다. 꿩 먹고 알 먹기였지만 시간이 흐르고 무기
와 전략전술이 점점 발달함에 따라 자연스럽게 소멸한다.

재정이 고갈되었을 때 한 무제는 어떻게 돌파했을까. 그는 농민들에게서는 더 짜봐야 나올 게 없다는 사실을 알았다. 되려 반감만 늘어나고 결국 농민 봉기로 이어지기 십상이다. 한 무제가 주목한 것은 소금과 철의 전매였다. 당시 상인들이 큰돈을 벌던 소금과 철의 민간 유통을 금지하고 국가가 이를 취급하도록 한 것이다. 국가가 소금과 철의 생산과 유통을 독점하면서 가격이 큰 폭으로 올랐다. 이에 반발하는 세력이 나타났고 일부는 암시장을 개설했다. 삼국지를 감동적으로 읽은 분들에게는 죄송한 얘기지만 유비와 관우는 소금 밀매를 전문으로는 하는 업자였고 소금을 싸게 유통시켜 민중들의 지지를 얻어 촉나라를 세웠다. 전매제도로 돈맛을 본 한 무제는 조달청을 만들어 군수 물자와 일반물품을 구입, 유통하도록 했다. 현재로 치자면 노골적인 시장개입이다. 정부의 무리한 시장 개입은 항상 문제를 발생시킨다. 조달이 원활하게 이루어지지 못하고 결국 이는 물가상승으로 이어지는 것이다. 한 무제는 평균법을 만들어 가격을 통제하고 물가를 잡았지만 효과는 잠시였다.

기원전 87년 한 무제가 사망한다. 소년 황제로 즉위하여 55년간 다스리다 일흔의 나이로 세상을 뜬 무제의 재위 기간은 내내 흉노와의 전쟁이었다. 보통 50년 전쟁이라고 부르는 이 전쟁으로 한나라는 군사에서 강해지고 경제에서 약해졌다. 그러나 중앙집권이라는 측면에서는 분명 성과를 이룬 시기였고 이는 다음 왕조의 중요한 모델이 된다. 반면 50년 전쟁에서 패한 흉노의 모습은 초라했다. 한때 북방의 최강자로 한나라를 괴롭히며 북방 전역을 긴장시켰던 옛 시절의 영화는 빛이 바랬고 이제는 남쪽으로는 한나라, 북쪽으로는 오순의 눈치를 보는 처지가 됐다.

여기에 더해 동쪽에서 선비와 퉁구스가 흉노를 압박하고 들어왔다. 묵돌 선우가 만든 흉노의 전성시대는 끝나가고 있었다. 그렇다고 제국이 하루아침에 망하는 것은 아니다. 서서히 그러나 치밀하게 망하는 게 제국이다. 보통은 내부 분열이 그 시작이다. 군신 선우가 사망하자 그의 동생 이치스가 선우를 칭하며 태자인 어단을 무찌른다. 장자상속이라는 중요한 원칙 하나가 깨지는 것으로 나도 선우가 될 수 있다는 희망이 힘깨나 쓰는 세력들에게 골고루 퍼지는 것이다. 권력 앞에는 제 동족도 없었다. 선우 자리에 오르기 위해 후보들은 기꺼이 한나라에 도움을 청했고 권력 투쟁에서 패배하면 한나라로 망명 했다. 기원전 58년에는 흉노에 자칭 선우가 다섯 명이나 등장했고 이 중 최종 승자는 한나라의 지원을 받은 호한야였다(왕소군 스토리에 나오는 그 인물). 호한야의 시대도 길지 않았다. 그의 형 호도오사가 질지郅支 선우를 자처하고 나섰고 이를 진압하겠다며 호한야는 한나라의 군대를 끌어들인다. 나라에 망조가 드는 징조가 외국 군대를 불러들이는 것인데 흉노의 수명이 간당간당하는 중이라는 사실을 알 수 있다. 내전에서 패배한 질지 선우는 탈라스 강 근처의 초원으로 후퇴한다. 흔히 흉노의 1차 분열로 일컬어지는 사건으로 호한야 선우의 흉노를 동흉노, 질지 선우가 이끄는 흉노를 서흉노라 부른다. 한나라 군병의 도움이 절실했던 호한야는 장안에 들어가 선제를 배알拜謁한다. 중국에서는 이민족의 왕이 자신들을 찾아오는 것을 배알이라고 하는데 정말 배알 없는 짓을 한 것이다. 서쪽으로 간 질지 선우는 주변 나라들을 정복하면서 다시 호한야와의 한판 승부를 노린다. 한나라 입장에서도 질지 선우는 제거대상 1순위였다. 자신들이 확보한 실크로드를 위협하는 세력으로 보였기 때문이다. 한나라는 호한야와 연합군을 편성하여 질지 선우를 공격한다. 질지 선우 호도오사의 머리가 떨어졌고 한나라에 의해 죽임을 당한 최초의 선우라는 불명예를 안는다. 질지 선우의 영토는 호한야 차지가 된다. 호한야는 감사의 뜻을 전하기 위해 기원전 33년 다시 장안에 입조했고 이때 벌어진 게 왕소군 사건이다. 왕소군은 황녀가 아니라 후궁이다. 일개 궁녀를 주었다는 것은 더 이상 한나라와 흉노의 관계가 수평적이지 않다는 사실을 의미한다. 왕소군이 흉노로 간 후 흉노와 한나라의 관계는 더욱 좋아진다. 흉노는 복종의 예를 더 갖췄고 한나라는 더 많은 재물을 주는 것으로 그 복종을 보상했다.

흉노를 제압해 북방의 시름을 덜은 한나라는 사방으로 동아시아 세계를 공략했다. 기원전 112년 무제는 10만의 군사를 파병해 남월국의 수도 환위를 점령하고 현재의 베트남 중부 지역에 이르는 지역에 9군을 설치했다. 중국 스타일은 점령한 땅에 한인들이 몰려가 터전을 잡는 방식이다. 베트남 북부에 이주한 한인들은 수대에 걸쳐 중국 문명을 전파했고 원주민들을 지배했다. 기원전 108년에는 위씨 조선을 멸망시키고 사군을 설치했으며 역시 한인들이 집단으로 이주하여 중국문명을 퍼뜨렸다. 낙랑군의 경우 한때 6만의 인구를 자랑했는데 이는 한나라가 설치한 많은 군 중에서도 탁월한 성과였다. 낙랑군은 한 무제가 구상한 바닷길의 거점이기도 했는데 이곳을 통하여 한인들은 쓰시마 해협을 건넜고 중국은 일본 열도와 상업적으로 연결되었다.

기원전 1세기 후반 한나라 중앙정치에 혼란이 발생하기 시작한다. 환관과 외척이 국정을 농단하는 상황이 일상이 되는데 이중 두각을 나타낸 게 외척인 왕씨 일족이다. 왕씨 중 두목이 왕망이라는 자로 머리가 비상하여 마흔도 되기 전에 권력의 핵심을 차지한다. 애제^{哀帝}가 황제 자리에 오르자 신흥 외척이 세를 떨치면서 잠시 정계에서 물러났으나 애제가 아들 없이 죽자 태황태후 왕씨를 동반한 쿠데타로 정계에 복귀한다. 아홉 살 평제^{平帝}를 옹립한 뒤 자기 딸을 왕후로 들였으나 평제가 자신의 외가가 박살난 것이 왕망의 소행이라는 것을 알게 되자 기원후 5년 평제를 독살하고 두 살배기 유영을 황제로 세운 뒤 스스로 가황제^{假皇帝}라 칭했다. 얼마 안 가 유영을 몰아낸 왕망은 아예 한나라의 문을 닫고 새로 신^新나라를 건국하여 황제 자리에 오른다. 이렇게 망한 한나라를 전한^{前漢}이라고 한다. 왕망에 대한 평가는 극에서 극이다. 최악의 폭정을 저지른 인물로 보는 시각도 있고 토지개혁과 싼 이자의 자금 융자 정책으로 농민의 빈민화를 막으려 한 개혁가로 보기도 한다. 종합해서 보면 그다지 성공적인 황제는 아니었다. 즉흥적인 경제정책들은 오히려 농민들에게 고통을 주었고 각지의 호족들과 대립했으며 흉노와 서역 여러 나라와 갈등을 벌이는 와중에 동쪽으로는 고구려와 무력으로 충돌했다. 서기 18년 산둥에서 농민반란 '적미^{赤眉}의 난'이 발생한다. 눈썹을 붉게 칠한 것으로 자기편의 표지를 삼았다 해서 붙여진 이름이다. 한편 호족 출신으로 왕실의 피를 받은 유씨 일족은 왕망 타도를 외치며 가족 중 하나인 유현을 임시 황제 자리에 앉히고 경시제^{更始帝}라 칭한다. 경시제 세력은 적미군과 연합하여 왕망을 공격하고 서기 23년 왕망은 상인 출신인 두오에게 살해당하는 것으로 최후를 맞는다. 15년 이어진 신나라 최초의 황제이자 마지막 황제였고 그의 나이 68세였다. 불행히도 경시제는 사생활이 엉망이었고 황제 '깜'이 되지 못하는 인물이었다. 사고만 치던 그는 적미군에 죽었고 적미군 역시 약탈에만 집중해 백성들의 원성을 산다. 한마디로 세상이 카오스 상태. 서기 25년 호족 연합에 의해 황제로 추대된 유수가 낙양에 입성해 10만 적미군을 진압했고 그로부터 11년 후 전국통일을 실현, 황제 자리에 오른다. 이 사람이 후한後漢의 초대 황제인 광무제다. 후한은 동한東漢이라고 부르기도 하는데 예전 수도였던 장안의 동쪽에 있는 낙양을 도읍으로 삼았기 때문이다(당연히 전한前漢은 지리적 반대개념으로 서한西漢이 된다). 31세에 황제에 즉위한 광무제는 43세에 전국을 통일하고 후한시대를 연다. 호족들의 도움을 받아 건국된 후한은 유방의 전한과는 많이 달랐다. 광무제의 통치 스타일을 한마디로 압축하면 '부드러움'이다. 광무제는 대외적으로도 강공을 취한 일이 거의 없고 신하들을 함부로 죽이는 일도 없었다. 좋게 말해 명군, 성군이지만 그만큼 황제의 권력이 약했다는 반증이기도 하다. 광무제는 유학 통치를 내걸었다. 태학을 세워 유학을 강론했고 유학의 교양 정도로 관료를 등용했다. 그는 즉위한 32년이 되는 57년에 사망했다.

흉노 이야기를 하기 위해 잠시 신나라 왕망 시대로 돌아가자. 왕망 시대 흉노와의 관계는 최악이 된다. 왕망은 흉노에 대한 친절을 싹 거둬들였으며 각종 특별대우를 모조리 폐지했다. 말이 불화를 키운다. 왕망은 흉노에게 주던 '흉노 선우 새璽'를 '신흉노 선우 장章'으로 바꿨다. 옥새를 도장으로 격하시켜 버린 것이다. 이전 한나라는 다른 주변 국가들과는 달리 흉노 선우가 '새'라는 단어를 사용하는 것을 허용했었다. 흉노가 반발하자 왕망은 20만 군사로 이를 진압하려 했지만 처절하게 패배하고 퇴각한다. 이후 흉노는 다시 중국의 북방을 침략하기 시작한다. 왕망의 몰락은 호족 세력의 반발과 봉기 그리고 흉노족이라는 외침으로 앞당겨졌다. 흉노족도 또다시 내분에 휩싸인다. 20대 선우인 여가 사망하자 다시 선우 쟁탈전이 벌어진 것이다. 이때 중국은 후한으로 정권이 교체된 시기였다. 공식적으로 자리를 이은 것이 포노 선우였는데 이에 불만을 품은 일축왕(서역을 통치하던 왕을 지칭) 비가 5만 여 부족민을 이끌고 광무제에게 투항한다. 비는 호한야 선우의 손자였다. 비의 한나라 투항은 그의 할아버지가 한나라에 입조한 것을 그대로 재현한 의례였다. 당신들에게 기꺼이 종속될 터이니 나를 밀어달라는 신호였다. 결국 비는 '호얀야 2세 선우'라는 독창적인 타이틀을 달고 나라를 세운다. 이게 남흉노로 흉노의 2차 분열이다. 동흉노가 남북으로 갈렸고 둘은 죽기 살기로 서로를 멸절하기 위해 싸우기 시작한다. 후한은 상황을 이용해 남흉노를 교묘하게 활용했다. 남흉노의 장성 이남 거주를 허용했고 물자를 대주면서 후한에 적대적인 북흉노를 견제했고 선비鮮卑 등 다른 북방 세력을 토벌하는 데 동원하기도 했다.

후한의 북흉노 정책은 절대 소극적이지 않았다. 아니 그럴 수가 없었다. 북흉노는 서역 실크로드의 경쟁자 혹은 훼방꾼이었기 때문이다. 서역은 과거 흉노의 강역이었지만 동서분열 당시 한에 복속되었고 왕망의 실정으로 다시 흉노에게 내주었으며 이제 후한이 다시 차지하겠다고 덤벼들 차례였다. 싸움은 치열하게 전개됐고 결국 서역은 후한의 손으로 넘어간다. 이때 서역을 장악한 후 방어한 사람이 후한의 반초다. 반초는 서역 북측 특히 타림 분지(톈산산맥과 곤륜산맥 사이) 도시들을 무대로 활동하는 흉노를 토벌했고 그들을 고립시켜 서역 경영에 집중한다. 반초가 서역에 머문 기간은 31년이었다. 그동안 그는 우전국, 소륵국 등

50개국 작은 나라들을 후한의 조공국으로 삼았으며 후한의 실크로드 지배권을 공고히 한다. 반초가 죽은 후 강족과 남흉노가 다시 서역을 노렸지만 이번에는 그의 아들 반용이 아버지의 대를 이어 흉노를 제압한다. 87년 북흉노의 우류 선우가 선비의 침입으로 살해된다. 몽골고원을 선비에게 빼앗긴 북흉노는 서쪽으로 이동하여 다시 세를 키워보려 하지만 이미 꺼져가는 불꽃이었다. 155년 몽골계 선비와 후한 연합군은 그 불꽃을 밟아버린다. 흉노는 해체되었지만 선비는 그를 대체할 능력이 없었다. 이후 몽골고원은 주인 없이 2세기 넘는 시간을 보내게 된다. 오해를 피하기 위해 말씀드리자면 나라가 멸망했다고 해서 그 구성원들이 모두 지구에서 사라지는 것은 아니다. 다만 질서로서의 나라가 해체되었을 뿐 잔존 세력들은 소규모로 남아 여전히 활동을 계속한다. 흉노 제국은 사라졌지만 흉노라는 민족 자체가 없어진 것은 아니라는 얘기다. 실제로 흉노는 서쪽에서 다시 나타나기도 하고 중국 북방에서도 여전히 세력을 유지하며 수나라, 당나라 시대까지 끊임없이 중국사에 등장한다.

흉노의 재림은 370년 무렵이다. 이 재림은 놀랍고 특별하며 세계사에 인장을 깊이 남기는 방식으로 진행된다. 376년 다뉴브 강을 지키던 로마군 수비대는 새로운 형태의 야만족을 발견했다는 보고서를 올린다. 북흉노의 일족이었다. 이들은 동유럽에서 잔인한 학살과 약탈을 마치고 새 먹잇감을 찾아 서쪽으로 이동 중이었다. 그러나 다뉴브 강 건너에서 벌어지는 일에 로마 조정은 큰 관심을 기울이지 않았다. 로마에게 가장 흔한 일이 야만족의 침입이었고 보고대로라면 몸집도 크지 않아 대수롭지 않게 생각했던 것이다. 그러나 상황은 급속하게 악화된다. 돈 강과 볼가 강을 건넌 흉노족은 게르만족 동고트를 잔혹하게 파괴했으며 드네프르 강을 건너더니 이번에는 서고트를 노리기 시작한다. 고트족도 어디 가서 빠지지 않는 용맹과 야만의 민족이었지만 말을 타고 바람처럼 달려와 화살을 날리는 이 야만족에게는 당해 낼 도리가 없었다. 고트족은 이들을 훈족이라고 불렀다. 흉노의 침략으로 나름 평화롭게 살던 게르만족은 살기 위해 대이동을 시작한다. 그리고 그 이동이 로마제국의 해체를 부채질 한 끝에 동과 서로 갈리고 기어이 서로마가 문을 닫게 된다. 흉노와 훈이 같은 민족인지는 한동안 학계의 논쟁거리였다. 지금은 서쪽으로 이동한 흉노와 훈족이 같은 종족이라는 주장에 대부분 동의하는 분위기다. 훈'족'이라고 부르기는 하지만 이들 역시 국가였고 제국이었다. 다만 정착이 아니라서 우리에게 유목민으로 보였을 뿐이다. 훈 제국은 초대 지도자 울드즈에 이어 카라 톤, 루아로 계보가 이어졌으며 5세기 중엽 아틸라 시대에 전성기를 맞는다. 신의 채찍이라고 불렸던 그 잔인한 인물이다. 헝가리 서쪽의 평원에 근거지를 마련한 아틸라는 동로마에 흥미를 보인다(헝가리는 훈족의 이름에서 나온 나라 이름). 아틸라 이전에도 흉노는 두 차례에 걸쳐 동로마를 공격한 적이 있었다. 당시 동로마 황제 테오도시우스 2세는 훈족과 평화협상을 진행했다. 사절단이 파견되었을 때 훈족의 루아가 갑자기 사망하고 아틸라가 자리를 이어받는다. 아틸라는 포로 송환, 무역 거래 그리고 흉노에 대한 조공 액수 등을 정한 일방적인 평화조약을 동로마와 체결한다. 그러나 그것으로 끝이 아니었고 해마다 조공 규모가 커지는 등 동로마의 굴욕은 이어진다. 동로마가 항의하면 다시 군사를 보내 압박한 후 더 강도 높은 평화협상을 체결하는 게 흉노의 방식이었다. 아틸라는 441년에 동로마를 공격했

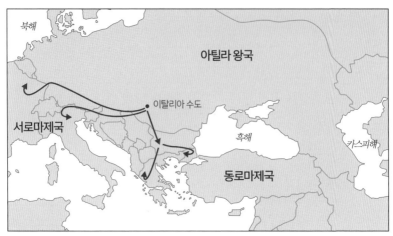

훈족의 이동경로. 아예 유럽을 휩쓸고 다녔다. 훈족의 대명사가 아틸라이다 보니 아틸라 제국이라 쓰기도 한다.

고 447년에도 다시 침공했다. 448년 아틸라는 동로마와 또 한 번의 평화협정을 체결한다. 434년에 이은 두 번째 평화조약이었다.

아틸라가 동로마제국을 태워버리지 못했던 것은 테오도시우스 방벽 때문이다. 인간의 군대로는 뚫을 수 없는 3중 성벽 앞에서 몇 차례 좌절을 겪은 아틸라는 그런대로 털어먹은 동로마를 뒤로 하고 이번에는 서로마로 진군한다. 451년 아틸라는 프랑스의 갈리아를 공격한다. 불운했던 것은 로마 장군 아에티우스가 어린 시절 흉노에게 볼모로 잡힌 경험이 있어 이들의 공격 방식을 꿰뚫고 있었다는 사실이다. 아틸라는 양측이 격돌한 카탈라우눔 전투에서 패배의 쓴맛을 본다. 그러나 한 번의 패배 같은 건 아틸라에게 하나도 안 중요했고 이듬해에는 마치 복수전이라도 벌이듯 알프스 산맥을 넘어 베네치아를 경유해 이탈리아에 침입한다. 도시는 불탔고 사방에서 시체 타는 냄새가 코를 찌르는 가운데 교황 레오 1세가 아틸라를 찾아간다. 레오 1세는 로마의 파괴를 멈추어 달라 부탁했고 아틸라는 이를 받아들인다. 두 가지 설이 있다. 하나는 아틸라가 처음 보는 종교 지도자에게 호기심이 생겨 그의 말을 들어주었다는 것이고 다른 하나는 흉노족 안에 전염병이 돌아 더 이상 정복을 수행할 여력이 없었다는 설이다. 보통은 후자에 비중이 실린다. 어쨌거나 아틸라는 자신이 동서 로마제국의 통치자라 멋대로 선언하고 이탈리아에서 철수한다. 철수 다음 해인 453년 아틸라가 사망한다. 복상사였다. 60세 나이에 새 신부를 들였고 무리하게 몸을 쓰다가 저 세상을 가버린 것이다. 아틸라의 죽음과 동시에 유럽 대륙의 흉노가 일제히 무너진다. 유목민의 특성상 걸출한 리더가 사라지는 순간 제국이 급속도로 와해되는 것이다. 아틸라의 아들 셋이 어떻게든 제국을 살려보려 했지만 역량 부족이었다. 첫째와 둘째는 전사하고 셋째는 흑해 지역으로 활동 영역을 옮긴다. 이렇게 훈족이 유럽을 들쑤셔놓은 기간은 100년 남짓이었고 훈제국은 아틸라 사후 16년 후 역사에서 사라진다. 동로마가 주도한 정벌이었고 469년의 일이다. 보통은 흉노의 존속기간을 기원전 3세기에서 북흉노의 선우가 살해된 기원후 89년까지로 본다. 그러나 훈제국까지 흉노의 역사로 치게 되면 이들의 존속기간은 무려 8세기로 늘어난다. 흉노는 동양의 한나라와 서양의 로마제국을 동시에 압박한 유일한 제국이었고 당시까지는 최고의 전투력을 자랑하던 북방유목 민족의 선두주자였다.

충격 미모 왕소군 이야기

중국에는 전설의 4대 미녀가 있다. 서시, 왕소군, 초선, 양귀비인데 그 미모를 형용하는 바가 충격적이다. 춘추전국시대 월나라 미녀 서시는 물 위에 비친 그녀의 아름다움에 반해 물고기가 헤엄치는 것을 잊고 물속으로 가라앉았다 하여 침어浸漁라는 칭호가 붙여졌다. 오나라가 월나라를 침공했을 때 서시는 스파이가 되어 오나라 부차왕에게 접근한다. 서시를 보고 눈이 돌아간 부차왕은 정사를 멀리하고 이 틈을 타 월나라는 오나라를 무찌른다. 삼국지에 등장하는 초선은 미인계라는 용어를 일상어로 만든 여인이다. 한나라 말 동탁이 황제를 휘어잡고 위세를 떨칠 때 사도 왕윤은 수양딸인 초선을 이용해 동탁과 그의 호위대장 여포를 이간질 시킨 끝에 동탁을 죽인다. 얼마나 미인이었냐면 예닐곱 어린 나이에도 남자들이 한 번 보면 눈을 떼지 못했고 어린아이에게 품은 그 감정이 부끄러워 자괴감에 빠졌다고 전해진다. 미모에 달도 부끄러워 구름 뒤로 숨는다 하여 폐월閉月이라 불린다. 양귀비는 당나라 때 미녀다. 열일곱 나이에 현종의 며느리로 궁에 들어간 양귀비는 시아버지 현종의 마음까지 흔들었고 아버지가 아들의 여자를 취하는 엽기적인 사건이 벌어진다. 양귀비는 황후 노릇을 하며 자신의 측근을 대거 등용해 정국을 주물렀고 양귀비에 빠진 현종은 정신이 혼미한 상태에서 안록산의 반란으로 치명타를 입는다. 꽃도 부끄러워 고개를 숙일 만큼 아름다웠다고 하여 수화羞花라는 칭호를 얻었다.

왕소군은 한나라 때의 절세미녀다. 원래 한나라 원제의 수천 명 궁녀 중 하나였는데 궁녀들의 얼굴을 일일이 보기 귀찮았던 원제는 화공에게 인물화를 그려 자신에게 보이라 명했다. 그림을 보고 침소에 들인 여인을 간택한다는 소문에 모든 궁녀가 화공에게 뇌물을 주어 자신을 예쁘게 그려 달라 했으나 왕소군만은 그 줄에 서지 않았다. 화공은 분풀이로 왕소군을 실제보다 한참 못하게 그렸는데 이게 나중에 문제가 된다. 흉노의 선우 호한야가 한나라를 친선방문 했을 때 원제는 그림 중 가장 미모가 떨어지는 왕소군을 내주기로 한다. 불려 나온 왕소군을 보고 호한야는 입이 귀에 걸렸고 원제는 기절을 한다. 너무나 아름다운 왕소군을 흉노에게 내주게 된 원제는 그 즉시 화공을 불러 업무상 과실로 목을 잘라 분을 풀었다. 흉노 땅으로 가던 중 하늘을 나는 기러기를 본 왕소군은 쓸쓸한 마음을 비파에 실었고 왕소군의 미모에 빠진 기러기 떼가 날개 짓을 잊고 땅에 떨어졌다 하여 낙안落雁이라는 칭호가 붙었다. 흉노로 간 왕소군은 그곳에서도 흉노족 여인들에게 옷 짓는 법 등을 가르치며 사랑과 존경을 받았다.

『사기』와 『자치통감』

서양에 헤로도토스가 있다면 동양에는 사마천이 있다. 동아시아 세계에서 '역사의 아버지'라고 불리는 그는 전설상의 인물인 황제黃帝에서부터 한나라 무제에 이르는 2천여 년 시기를 130권의 『사기』에 담았다. 어릴 적 수천 권의 책을 읽었다는 사마천은 대대로 황제를 섬기는 사관史官인 태사령 가문 출생이다. 아버지인 사마담은 기원전 110년 하늘과 산천에 제사를 올리는 한 무제의 봉선의식의 기록관으로 참가하기를 희망했으나 기회가 주어지지 않자 낙담한 끝에 병을 얻어 죽는다. 기원전 108년 아버지를 이어 태사령이 된 사마천은 아버지의 유작업인 '춘추'의 뒤를 잇는 역사서 편찬에 몰입한다. 나름 평탄했던 사마천의 인생은 기원전 99년 장군 이릉을 옹호하면서 뒤틀어진다. 이릉은 5천의 보병으로 8만의 흉노군과 맞섰다가 1만 명을 죽이는 성과에도 불구하고 결국 패배하여 항복한 인물이다. 이릉의 일족을 멸해야 한다는 목소리가 대부분인 상황에서 사마천 혼자 이릉의 용기를 칭찬했고 이것이 무제에 대한 비난으로 오해를 받은 끝에 사형 선고를 언도 받은 것이다. 죽음을 피하는 유일한 길은 스스로 거세하는 궁형을 선택하는 것이었다. 기원전 98년 사마천은 환관이 되었다. 치욕과 남자로서의 자존심을 포기하고 얻은 삶을 사마천은 낭비하지 않았다. 오로지 『사기』를 완성시키기 위해 삶을 구걸한 그는 52만 6,500자로 이루어진 『사기』를 집필하는 것으로 자신의 삶을 완성했다. 『사기』는 본기·열전 같이 성질이 다른 역사 기술 방법을 병용한 기전체를 사용했으며 이는 후세 사가들의 모범이 된다. 학문적인 균형 감각에 바탕을 둔 조심스럽고 객관적인 기술 그리고 생생한 인물 탐구가 특징인 『사기』는 중국 전설 시대부터 춘추전국시대를 거쳐 한 무제까지를 다룬 유일한 통사이기도 하다.

사마천이 죽은 뒤 천년의 세월이 흐른 1019년 북송에서 사마광이 태어난다. 어려서부터 신동으로 이름을 떨친 사마광은 찌는 여름과 추운 엄동에도 손에서 책을 놓지 않고 먹고 자는 것도 잊은 채 책을 읽었다는 다소 빤한 스토리의 주인공이다. 사마광은 나라를 다스리려면 역사에 통달하고 그 안의 흥망성쇠를 교훈으로 삼아야 한다고 생각했다. 그러나 주변에 깔린 역사책들이 너무 많고 번잡해서 그는 스스로 책을 쓰기로 결심한다. 독자는 일반 대중이 아니라 통치자 즉 황제였다. 바쁜 황제를 위해 최대한 간결하게 역사를 만졌고 19년의 세월을 들여서 『자치통감資治通鑑』을 완성했다. 황제의 통치를 위해 쓴 이 책은 전국시대인 기원전 403년부터 5대시대인 959년까지 1,360년의 역사를 기록하고 있으며 서술방식은 편년체. 재미있는 일화들이 많아 아이들 상대로 이야기 들려주기에 아주 적합한 책이며 나름 깨달음도 얻을 수 있다.

4.
돌궐 제국 그리고 터키

터키는 우리에게 매우 친숙한 나라다. 아니 정확히 말하면 터키인들이 우리나라 사람들을 유난히 좋아한다. 터키인들은 한국인들을 칸카르데시라고 부른다. 피로 맺은 형제라는 뜻이다. 터키는 6·25 전쟁 때 1만 5천 명을 파병했다. 미국, 영국에 이어 세 번째로 많다(물론 터키의 6·25 참전은 소련의 팽창에 대비한 나토 가입이 절실했던 이유도 있다. 그러나 그런 이유 때문에 피로 맺은 형제애가 퇴색하는 것은 아니다). 북한이 쳐들어온 1950년 6월 25일에서 석 달이 지난 9월 25일 터키군 강뉴부대 1진은 터키 항을 출발했다. 부산항에 도착한 게 10월 19일이었으니까 어지간히 멀리서 달려온 셈이다(터키는 총 5진을 파병했다. '강뉴'는 초전박살이라는 뜻으로 많이 알려졌지만 '혼돈에서 질서를 확립하다'의 의미가 더 명확하다). 6·25 전쟁 당시 전사한 터키군은 741명, 부상은 2,068명에 407명이 실종되거나 포로가 되었다. 터키 사람들은 용맹한 걸로 세계 1, 2위를 다투는 민족이다. 1950년 11월에 벌어진 평양 북쪽 군우리 전투와 1951년 1월의 수원 동쪽 금양장리 전투는 전쟁사에 길이 남을 전설이다. 군우리 전투에서는 중공군의 진격을 3일 동안이나 막았다. 덕분에 유엔군의 퇴로는 안전했다. 군우리 전투가 사수死守였다면 금양장리 전투는 승리의 백병전으로 유명하다. 터키군은 151고지를 점령하고 중공군을 격퇴했는데 이 전투에서 터키 군이 무찌른 중공군은 터키군 1명당 40명이었다고 한다(믿어지십니까). 터키 사람들은 이때 참전 용사들을 '코레 가지'라고 부른다. 가지는 터키사람들이 전사戰士 혹은 전쟁에서 살아 돌아온 사람을 가리키는 말이다. 코레 가지들은 우리나라를 바탄(조국)이라고 부르고 스스로를 '코렐리(한국인)'라고까지 한다. 터키는 1973년 수도인 앙카라의 한국공원 안에 참전 기념탑을 건립했고 우리는 금양장리 전투가 치러진 경기도 용인군 자연농원 앞에 터키군 참전 기념비를 건립하여 그들을 기린다. 현대사뿐만이 아니다. 터키는 우리 역사에 일찍부터 등장하는 나라다. 수나라가 중국을 통일하자 고구려가 연합해 싸운 게 터키의 오래전 이름인 튀르크 제국이다. 고려 가요인 「쌍화점」에 나오는 회회아비도 터키인이다. 터키와 우리나라는 거리는 멀지만 심정적으로는 결코 멀지 않은 나라다.

1952년 터키는 건국 1,400주년 기념식을 성대하게 개최했다. 많이 이상하지 않은가. 무스타파 케말 아타튀르크가 공화국을 건설한 게 1923년이다. 훨씬 거슬러 올라가 터키의 전신인 오스만 제국이 세워진 1299년부터 계산해도 650년밖에 되지 않는다. 터키가 주장하는 자신들의 건국연도는 무려 서기 552년이다. 552년 대체 무슨 일이 있었나. 그들의 설명에 따르면 552년은 돌궐이 유연에게서 독립해 나라를 세운 해다. 이들은 돌궐의 건국이 터키의 시작이라고 주장하고 있는 것이다(하긴 우리나라도 단기라 하여 단군이 즉위한 해인 기원전 2333년을 원년元年으로 하는 기원을 1962년까지 쓰기도 했으니 그렇게 이상한 일은 아니다. 그래도 문명사회에서 1,400년 전 일을 소급해 나라의 기원으로 삼는 것은 흔치 않은 일이다). 기원을 멀리 잡을 때는 그만큼 그 오래 전 역사가 자랑스럽기 때문인데 터키의 정식 명칭을 보면 더 확실해진다. 튀르키예 줌후리예티가 정식 명칭으로 튀르키에 공화국이란 뜻이다. 튀르키에와 튀르크는 같은 말이고 튀르크는 '용감한' 또는 '힘센'이라는 뜻이니 자신들의 뛰어난 무력武力을 매우 자랑스럽게 여기는 것이다(2022년 터키는 국명을 튀르키예로 정식 전환했다. 그러나 국호는 국제적으로 통용되는 이름으로도 부르는 것이 관행이기에 계속 터키로 쓴다). 그렇다면 현대 터키인들이 조상으로 모시는 튀르크 그들은 누구인가. 552년 무렵 몽골 초원은 튀르크-몽골계의 영역으로 3분할되어 있었다. 첫 번째가 선비계 제국인 유연이다. 이들은 만주에서 만리장성에 이르는 몽골리아를 지배했다. 두 번째인 에프탈 제국은 몽골계로 이들의 강역은 율두즈강에서부터 펀자브에 이르는 광대한 영역이었다. 지금으로 치면 투르키스탄, 동부 이란, 카불이 포함되는 지역이다. 세 번째는 튀르크계에 속하는 유럽의 훈족이다. 이들은 돈 강 어귀와 러시아 초원을 지배했다. 그러나 동부와 서부의 갈등으로 세력은 앞의 두 종족보다 훨씬 약한 상태였다. 돌궐은 튀르크계 유목민으로 이 셋 중 유연에게 복속된 존재였다. 이 무렵 이들은 중국사서에 철륵鐵勒이라는 이름으로 등장한다. 철륵은 튀르크의 한자 표기다. 돌궐 역시 한자 표기인 것은 맞지만 철륵=돌궐은 아니다. 철륵은 튀르크계 유목민의 총칭이고 돌궐은 철륵에 속한 아사나 씨氏가 건국한 나라를 뜻한다(돌궐이란 '날뛰는 오랑캐'라는 의미).

돌궐의 건국 설화는 로마와 같은 늑대 전설이다. 돌궐족의 한 부족이 주변 부족의 공격으로 몰살당했을 때 소년 하나가 가까스로 목숨을 건진다. 그리고 이 소년을 돌본 게 암컷 늑대다. 로마의 늑대는 젖만 먹였지만 돌궐의 늑대는 소년의 아이까지 낳아준다(좀 이상하긴 하지만 원래 건국 설화란 게 다 그렇다). 소년의 부족을 학살한 주변 부족의 우두머리는 생존자가 있다는 소리에 병사들을 보냈고 소년은 결국 참혹하게 살해된다. 남편을 잃은 늑대는 산 속 동굴로 도망쳐 아들 열 명을 낳는다. 장성한 열 명의 아들들은 동굴을 나가 독립했고 각자 자기 성을 갖는데 이 열 명의 아들 중 막내의 성이 '아사나'다. 아사나는 튀르크어로 늑대라는 뜻이다. 이 아쉬나라는 성을 가진 아이가 나중에 돌궐 제국의 시조가 된다. 돌궐의 수장은 토문土門이라고 불렀다. 토문 역시 돌궐어로 일만一萬을 뜻하는 '투멘'의 한자 표기다. 거느리고 있는 병력이 1만 명이라는 의미다. 당시 중국 북부는 동위와 서위가 차지하고 있었는데 돌궐은 이중 서위와 교류를 튼다. 유연에 복속되어 있으면서도 눈치를 보지 않고 서위와 직접 교역을 할 만큼 세력이 커진 것이다. 서위의 알선으로 돌궐은 당시 국제 무역상인 소그드인人들을 알았고 그들과의 교류를 통해 서방과 접촉을 하기 시작한다. 유연에 대항해 또 다른 철륵 집단이 반란을 일으켰을 때 토문은 군사를 일으켜 유연을 도와 이들을 격퇴한다. 받을 보상이 있다고 생각한 토문은 유연의 왕인 아나괴에게 그의 딸과의 결혼을 요청했지만 돌아온 것은 싸늘한 냉소였다. 토문을 자기네 대장장이 노릇이나 하던 노예 취급한 아나괴의 비아양은 토문을 격분시켰다. 감정이 상한 토문은 유연에게서 독립을 선언하고 552년 1월 유연을 공격하여 아나괴을 자살하게 만든다. 초원의 패권이 몽골계 유연에서 튀르크계

돌궐로 넘어간 것이다. 이후 토문은 스스로를 이리 카간이라 칭했는데 '이리'는 튀르크어로 나라를 만든다는 뜻의 일릭에서 온 것이다. 카간은 지도자를 칭하는 명칭이다. 553년 이리 카간이 사망하고 2대 카간이 단명한 후 이리 카간의 아들 무한이 카간 자리를 물려받는다. 이것이 동돌궐 카간국이다. 동돌궐이 있으니 당연히 서돌궐도 있겠다. 무한의 동생 이스테미가 서쪽에 세운 나라가 이후 서돌궐제국으로 발전한다. 우호적으로 갈라진 건 아니었다. 서돌궐의 타르두는 동돌궐의 군주와 결별을 선언하고 스스로 카간을 칭한다. 이때 수나라는 서돌궐 타르두를 지원했고 내분에 이민족을 끌어들인 것이 앙금으로 남아 양대 제국의 존속기간 동안 다른 나라들보다 훨씬 적대적인 세월을 보내게 된다. 동돌궐에서 내분이 일어났고 사발략이 카간에 올랐지만 이내 서돌궐과 요서 지방의 거란으로부터 협공을 받는 처지가 된다. 이때 수나라는 사발략을 지원한다. 한때 서돌궐을 지원했지만 그렇다고 서돌궐이 무한대로 강해지기를 바라지도 않았기 때문이다. 수나라의 바람과는 달리 서돌궐은 601년 무렵 수나라 수도 장안을 위협하는 세력으로 팽창한다. 603년 서돌궐 내부에서 위구르의 조상이 되는 세력이 반란을 일으키면서 서돌궐의 확장에 브레이크가 걸린다. 수나라는 분쟁에 은밀히 개입하여 제국을 약화시키는 데 성공한다. 그러나 재앙은 서돌궐에서 오지 않았다. 대규모 군사를 동원한 고구려 원정에 실패하면서 수나라는 문을 닫게 된다.

동돌궐 제국은 만주 부근까지 세력을 넓혔고 고구려와 만나게 된다. 기록에는 고구려와 동돌궐의 1차 대결은 고구려의 승리였다고 한다. 첫

지도로 봐야 제국이라는 말이 실감난다. 서양에서는 돌궐제국을 gokturk khanate라고 하는데 gokturk는 하늘에 속하는 신성한 튀르크라는 뜻, khanate는 칸이 다스리는 지역이라는 의미다. 이스탄불에 가면 괵튀르크라는 지명이 있다.

거래는 우호적이지 않았던 셈이다. 그러나 수나라가 강성해지자 고구려와 동돌궐은 손을 잡는다. 고구려와 동돌궐의 우호 관계는 수나라가 망하고 당나라가 들어서서도 계속 이어진다. 우즈베키스탄 사마르칸트의 아프라시아브 왕궁 벽화에는 동돌궐 왕국의 축하 행사에 참석한 고구려 사절단의 모습이 그려져 있다(아프라시아브는 사마르칸트의 옛날 지명). 572년 무칸의 장례식에도 고구려는 조문 사절을 보냈다. 고구려에서 사마르칸트까지는 무려 5천km다. 도보로는 석 달, 말을 타도 10일 이상 걸린다고 하니 어지간한 우호 관계가 아니면 할 수 없는 조문이었다. 게다가 고구려는 당나라의 영토를 피해 북방의 초원길을 따라 만리장성을 돌고 고비사막을 횡단했으니 거리는 더 늘어났을 것이다. 친하고 안 친하고를 떠나 당나라와 맞서는 측면에서 그만큼 서로 중요하게 여기는 나라였다는 의미로 볼 수 있겠다. 한편 서돌궐제국은 사산조 페르시아와 국경을 맞대는 지대까지 세력을 넓혔다. 동서 돌궐 제국을 합치면 사산조 페르시아의 두 배가 넘는다. 흉노에 이어 거대한 제국이 탄생한 것이다. 참고로 터키 사람들은 단순히 6·25 참전만으로 우리를 가깝게 여기는 것이 아니다. 이들은 동돌궐과 고구려의 동맹 때부터를 형제의 시기로 생각한다.

고구려 외에도 장례식에 조문단을 보낸 나라들을 보면 중국, 티베트, 동로마, 거란 등이다. 돌궐제국의 영향력이 어느 정도였는지 알 수 있다. 한편 서돌궐 제국은 동로마와 무역 등으로 직접 교류를 했는데 당시 로마 황제는 유스티니아누스 1세의 조카 유스티누스 2세였다. 인도로 가는 여정을 담은 중국 소설 『서유기』의 주요 경로가 바로 이 서돌궐제국인데 소설 속 묘사에 따르면 대단히 풍요로운 나라로 나온다. 돌궐제국의 영광은 오래 가지 못했다. 동서 제국 모두 카간 상속 때마다 분쟁이 일어났고 나라는 여럿으로 쪼개진다. 수나라에 이어 당나라 시대로 들어서면서부터는 본격적으로 중국의 돌궐 공략이 시작된다. 630년 동돌궐이 당태종의 공격을 받아 무너졌고 651년에는 서돌궐이 그 뒤를 따랐다. 튀르크족은 당나라 지배하에 들어가지만 나라 이름처럼 워낙 기질이 센 민족인지라 독립운동은 꾸준히 이어졌고 마침내 682년 동돌궐의 왕족이었던 쿠틀룩이 돌궐 제국을 재건했다. 돌궐 제 2 제국의 시작이다(지금부터는 명칭을 튀르크라고 적는다. 이들이 우리에게 익숙한 셀주크 튀르크, 오스만 튀르크로 발전했기 때문이다). 쿠틀룩의 뒤를 이은 카파간 카간 때에는 당나라를 여러 차례 공격해 숨이 차게 만들었지만 카파간 카간의 아들 빌게 카간이 측근에게 독살되면서 튀르크 제국은 또다시 흔들린다. 빌게 카간 사후 아들과 동생이 연달아 즉위하지만 꺼져가는 불꽃을 되살릴 수는 없었다. 745년 최후의 카간이 살해되면서 튀르크 돌궐 제국의 역사는 막을 내린다.

중앙아시아를 탐내던 당나라는 원정군을 파견해서 동서교역을 독차지 하려 한다. 이때 당나라 원정군의 총사령관이 고구려 계인 고선지 장군이다. 고선지의 원정군은 지금의 우즈베키스탄 타슈켄트 부근에서 튀르크의 일족과 전투를 벌인다. 전력은 당나라 군대가 몇 배 앞서는 수준이었다. 튀르크족은 이슬람의 아바스 왕조에게 구원 요청을 한다. 이렇게 결성된 튀르크-아바스 연합군은 당군을 맞아 대승을 거둔다. 751년 탈라스 전투에서 당군 5만 명을 몰살한 것이다. 고선지는 패잔병을 수습해 가까스로 당나라로 귀환했지만 755년 안사의 난 때 모함을 받아 참수된다. 아바스라는 거대한 세력을 끌어들인 결과는 좋지 않았다. 탈라스 전투 이후 중앙아시아는 아바스의 차지가 되고 원래 불교를 믿었던 서튀르크족은 자연스럽게 이슬람으로 개종 한다. 아바스 왕조는 피정복민에게 관대했던 나라다. 개종은 강제가 아니었다. 게다가 세금도 깎아주니 망설일 이유가 없었다. 모든 사람은 알라 앞에 평등하다는 교리도 마음을 움직였을 것이다. 이전의 튀르크인들은 하늘신을 섬겼다. 그들은 그 신의 다른 이름이 알라라고 생각했다. 서튀르크족의 일부는 서쪽으로 계속 이동했다. 그리고 자리를 잡은 게 지금의 터키 땅이다. 11세기경 셀주크 장군이 이끄는 튀르크족의 일파는 사마르칸트로 이주했고 나라를 세운 후 페르시아, 시리아, 예루살렘, 아나톨리아 일부에 걸친 제국을 건설한다. 셀주크의 손자인 토그릴은 이란의 대부분을 손에 넣었고 이라크의 바그다드는 아예 튀르크에게 보호를 요청해왔다. 바그다드는 아바스 왕조의 수도였다. 이래서 역사는 재미있다. 한때 아바스 왕조의 힘을 빌어 당나라를 물리쳤던 셀주크튀르크가 이제 아바스 왕조의 보호자가 된 것이다. 아바스의 칼리파는 토그릴에게 이슬람 세계의 군주를 뜻하는 '술탄'의 지위를 선사했다. 아랍어인 술탄은 원래 정부政府를 뜻했지만 10세기에 이르러서는 지배자 개인을 지칭하는 말이 되었다. 셀주크튀르크의 폭풍 성장은 계속된다. 토그릴의 뒤를 이은 알프 아르슬란 때에는 아나톨리아의 콘야까지 정복했다. 그곳은 동로마제국의 영토였다. 혈압이 오른 동로마 황제 디오게네스는 20만 명의 군사를 이끌고 셀주크튀르크를 토벌하러 출정하지만 1071년 8월 반 호수 북서쪽 만지케르트 전투에서 동로마군은 허무하게 무너졌고 황제까지 생포된다. 알프 아르슬란은 더 이상 동로마가 자신에게 위협이 되지 않는다고 판단하고 황제를 풀어준 후 자신의 본거지인 시리아로 돌아온다. 이 전투의 결과는 중동뿐만 아니라 세계 역사까지 뒤흔들어놓았다. 이란, 메소포타미아 및 시리아가 하나의 통치 체계 아래 놓였고 아르슬란의 기마대는 마르마라 해 기슭에 주둔하면서 아나톨리아의 상업로와 순례 길을 열어놓았다. 소아시아 반도의 동부와 중앙이 그리스도교 세계의 손에서 이슬람의 손으로 넘어간 것이다. 셀주크튀르크는 지방의 자잘한 반란을 진압해 질서를 유지했고 세금도 적당해서 꽤 살만한 지역이 되었다. 그러나 그것은 셀주크튀르크의 입장에서나 그런 것이고 동로마제국과 서방 세계에게는 충격 또 충격이었다. 무엇보다 성지인 예루살렘을 빼앗긴 것은 그리스도인들에게는 피가 거꾸로 솟는 일이었을 것이다. 그 분노는 얼마 뒤 현실이 된다. 셀주크튀르크는 십자군이라는 사상 최초의 종교 전쟁군대를 맞아 200년이나 되는 세월 동안을 피나게 싸우게 된다. 이어지는 역사는 오스만튀르크에서 다시 다루기로 한다.

5.
한나라 말기에서 수나라 멸망까지

　지금부터 길고 지루한 역사가 시작된다. 자세히 알 필요는 없지만 그렇다고 몰라서도 안 되는 까닭에 참 피곤한 대목이다. 중국이란 나라가 땅이 넓고 호족과 외적外敵이 많아서 그렇다. 일단 한말漢末부터 보자. 일종의 호족 연합 정권이었던 후한은 애초부터 황제의 권위가 취약했고 게다가 하나같이 15세 이전에 즉위한 까닭에 권력이 외척의 손에서 떠날 날이 없었다. 여기에 환관들의 전횡까지 더해지면서 한말은 더욱 흉흉해진다. 자식을 낳을 수 없었던 이들은 자신의 욕망을 승화시켜 권력에 몰입했고 오랜 세월 궁에 똬리를 틀고 지내온 이들은 거의 정부政府나 다름없었다. 해서 황제가 어릴 때는 외척이 날뛰고 황제가 성인이 되면 환관을 동원해서 외척을 누르는, 즉 환관의 시대가 열리는 것이 한말의 상황이었다. 외척과 환관에 이어 이제 또 하나의 변수인 호족들이 등장할 차례다. 신선에게 계시를 받았다는 장각이라는 인물이 신흥종교 태평도를 열자 여기에 농민들이 대량 가세해 봉기가 일어난다. 황건의 난이다. 누런 깃발의 황건적을 진압하고 난세를 평정하여 황제를 보호하겠다는 명분을 걸고 사방의 호족들이 몰려든다. 189년 호족 원소가 첫

테이프를 끊어 낙양에서 환관 수천을 살해하자 얼마 후에는 동탁이 소제少帝를 강제퇴위 시키고 아홉 살 헌제獻帝를 세워 자신은 국무총리 자리에 오른다. 선수를 빼앗긴 원소는 각지의 호족들을 모아 연합군을 결성한다. 명문가 얼자孼子 출신으로 북방 군벌이었던 원소의 세력은 막강했지만 그는 동생에게 병참을 맡기는 등 연합군을 제멋대로 다스려 원성을 산다. 동탁을 죽인 것은 연합군이 아니라 한조漢朝의 관리 왕윤이었다. 그는 수양딸인 초선을 미인계로 활용해 동탁의 심복인 여포의 창으로 동탁을 죽인다. 대세로 여겨지던 원소에게 반기를 든 것이 문무를 겸비한 관료 출신의 조조였다. 삼국지 3대 전투의 하나인 관도대전에서 원소를 격파한 조조는 화북지방(중원)을 지배하게 된다(나머지 둘은 적벽대전과 이릉전투).

이에 반발하고 나선 것이 남쪽의 손권과 서쪽의 유비다. 전한前漢 황실 가문의 일족이었던 유비는 관우, 장비 등 걸출한 스타급 장수들에 더해 제갈량이라는 탁월한 전략가를 영입해 세력을 키운다. 이렇게 조조, 손권, 유비가 갈등한 시기를 삼국시대라 하며 이때의 이야기는 소설로 풀어져 많은 사람들에게 익숙한 역사가 된다. 그러나 세 사람 모두 최후의 승자는 아니었다. 220년 조조가 죽는다. 9개월 후 조조의 아들 조비가 헌제로부터 황위를 양도받아 위 왕조를 연다. 질세라 유비가 한을 선언했고(나름 혈통이 있는지라 후한을 잇는다는 정통성을 주장했으므로 정식 국호는 한漢. 우리가 기억하는 촉蜀은 위치에 따른 이 나라의 별칭) 손권도 오를 공식화하며 뒤를 따른다. 유비의 한은 263년에 위에 의해 멸망했다. 위에서는 창업자 조조의 계보가 아닌 사마의 일족이 정권을 잡았고 사마의의 손자 사마염은 마침내 진晉왕조를 연다. 280년 진은 오를 멸망시키는 것으로 220년부터 280년까지의 군웅할거 시대를 끝내고 60년 만에 중국을 통일한다.

통일은 했지만 진은 통치는 하지 못했다. 체력이 약했던 진은 각 일족의 대표를 왕으로 삼아 27개의 나라를 세워 위기를 돌파하려 했지만 오히려 각 나라들이 독립을 모색하는 바람에 난처한 지경에 빠진다. 진나라 내부에서는 외척과 군벌이 내전을 벌여 번갈아 황제 자리를 차지했고 그렇다면 나도 한 번 해보자며 주변 왕들이 들고 일어나는 바람에 중국은 혼란에 휩싸인다. 내란이 벌어진 끝에 힘 좀 쓴다는 사마씨氏 8명의 왕 중 7명이 사망했고(8왕의 난) 각 나라들은 보다 유리한 전력戰力을 확보하기 위해 5호胡(오랑캐 유목민)를 끌어들이는 지경에까지 이른다. 5호는 흉노, 선비, 갈, 저, 강을 말한다. 이를 계기로 5호는 북부와 서부로 대거 이주했으며 남북조 시대에는 중국 인구의 절반을 차지하게 된다. 8왕의 난 때 진나라를 도운 흉노는 304년 독립하여 낙양을 점령했고 316년에는 진을 멸망시킨다. 5호 16국 시대의 본격 개막이다. 다섯 오랑캐가 세운 16개 나라가 명멸했던 시기라는 의미다(실제로는 더 많은 숫자의 나라가 있었고 영향력이 있는 게 16개다. 이 16개 중 셋은 한족이 세운 왕조였으나 위치가 화북이라 통으로 묶인다). 5호16국시대의 시작은 보통 유연이 한을 건국한 304년, 끝은 북위北魏가 화북을 통일하는 439년으로 본다. 역사상 최초로 중원에 이민족의 독립 왕조를 세운 인물인 유연은 당시 이민족 군주로선 매우 드물게 한자를 읽고 쓸 줄 알았으며 유학에도 매우 밝았다. 한이라는 나라 이름도 한고조 유방의 한나라에서 따온 것이다(돌궐에게

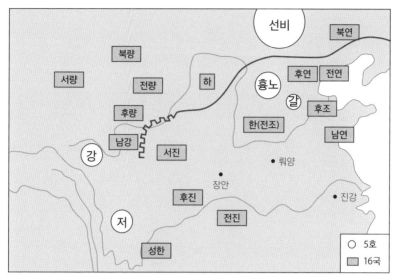

5호 16국 시대의 지형도. 모든 나라가 동시에 존재했던 것은 아니고 들쑥날쑥 등장했다.

멸망한 그 유연이다). 화북을 통일한 북위는 내몽골에서 남하한 선비의 탁발부다. 386년 이들은 나라 이름을 위라고 정했고 농경을 받아들이고 한인들을 등용하는 등 세력을 확대한 끝에 439년 3대 태무제가 통일작업을 마무리한다. 나라 이름을 위라고 한 것은 유연의 한나라처럼 조조의 위나라에 대한 오마주다. 이 대목에서 고구려도 등장한다. 고구려는 진이 혼란에 빠진 313년 한족의 지배 거점인 사군 중 낙랑, 대방을 폐하면서 4백년 한족의 지배를 끊는다. 4세기 중엽에는 서쪽의 백제, 동쪽의 신라 두 나라가 세워진다. 한반도판 삼국시대 개막이다. 8왕의 난 후 진의 잔존 세력은 강남으로 도피해 새로 나라를 차리니 이게 동진東晉이다(덕분에 앞의 진은 서진西晉 혹은 전진前晉이 된다). 동진은 내부갈등으로 420년에 멸망한다. 동진을 잡은 것은 송이었다(당나라 이후의 송나라가 아니다.

송의 수명은 짧아 겨우 59년. 이후 들어선 게 제齊, 양梁, 진陳인데 역시 다들 단명했다. 이 네 왕조를 남조라고 하는데 여기에 삼국 시대의 오나라와 동진을 더해 6조라고 부른다. 장강長江(양쯔 강)을 중심으로 한 강남 영토를 차지하고 있었다는 공통점 때문이다.

이름이 같은 너무 많은 나라와 지명이 등장해서 이쯤에서는 골이 지끈지끈해질 것이다. 게다가 조조가 지배했다는 화북은 또 어디이며 장강을 중심으로 한 강남은 어딜 말하는지 헷갈린다. 게다가 한자와 중국식 발음이 달라 혼란을 가중시킨다. 이럴 때는 먼저 지도를 그려 기본적인 개념을 익히는 게 최고다. 앞에서 한 번 소개했지만 기억을 되살리는 복습 측면에서 다시 살펴보자.

중국을 위에서부터 순서대로 가로로 나누는 황하黃河, 회수淮水, 양자강揚子江이라는 세 개의 강과 태산泰山만 알아도 중국 지리의 50%는 이해한 셈이다(양자강은 길다 하여 장강長江이라고도 한다). 황하 북쪽이 하북河北, 남쪽이 하남河南이다. 중국 산둥성에 있는 태산은 5대 명산의 하나로 우리에게도 '태산이 높다한들', '갈수록 태산' 등의 용도로 익숙하다(서울에서 서쪽으로 900km 정도). 가장 높은 옥황봉이 1,535m로 별로 높지 않아 명칭을 듣고 고개를 갸우뚱하게 되는데 그 지역이 죄다 평야라 상대적으로 높아 보인다. 이 태산의 동쪽이 산둥, 서쪽이 산서가 된다. 그리고 황하의 지류인 위수가 있는 지역이 관중關中이다(산으로 둘러싸인 분지이며 사방으로 입구인 관關이 있는데 그 가운데라는 의미). 하북, 하남, 산둥, 산서에 관중 지역을 더하면 이곳이 중원이다. 무협 영화를 보면 등장인물이 종종

비장한 어투로 "강호의 의리가 땅에 떨어졌다"며 탄식하는 장면이 나오는데 이 강호가 중원을 말한다. 중원은 다른 말로 화북이라고도 한다. 중화^{中華}민족이 사는 중국 땅의 북쪽을 의미하며 당연히 그 밑으로는 화중^{華中}, 더 밑으로는 화남^{華南}이다. 황하와 양자강 사이에 있는 회수^{淮水}는 귤이 회수를 건너면 탱자가 된다, 고 할 때의 그 회수다. 양자강 위쪽은 강북^{江北}, 아래쪽은 강남^{江南}이 되며 동쪽은 강동^{江東}, 서쪽은 강서^{江西}다. 양자강 중류에는 중국 3대 호수인 파양호와 동정호가 있다(하나는 가장 큰 청해호). 해서 호수 위쪽을 호북^{湖北}, 아래쪽을 호남^{湖南}이라고 하는데 이 두 지역을 묶으면 화중^{華中}이 된다. 중국의 노른자 땅으로 화북과 화남이 분쟁을 벌이면 전쟁터가 되었던 땅이다.

중화문명의 발상지인 화북은 내내 중국 역사의 중심이었다. 반면 양자강(양쯔 강)아래인 화남은 본래 수풀이 우거진 밀림과 늪지대가 대부분이었고 말 그대로 미개한 종족이 살고 있는 땅이었다. 이 땅을 처음 개발한 게 한나라다. 오랑캐들을 몰아내고 일부 지역을 손보긴 했지만 야만은 별로 개선되지 않았다. 상황이 바뀐 것은 북방 민족 5호16국의 등쌀에 못 이겨 한족들이 대거 화남으로 이주한 때부터다. 이들은 남북조시대를 들어서면서 본격적으로 화남을 개발했고 이후 수나라와 남송 시대를 거치면서 경제력이 급상승해 화북을 압도하게 된다. 그러나 두 지역이 군사적 대결을 벌일 경우에는 늘 화북의 승리였는데(예외는 명나라) 경제력은 화남이 앞서지만 인구는 화북이 항상 두 배 이상의 우위를 유지했기 때문이다. 중요한 것은 이때부터 중국의 역사가 5호16국 시대와 6조 시대를 거치면서 남북으로 쪼개져 진행되었다는 사실이다. 북쪽은 강성하지만 살짝 야만, 남쪽은 대체로 심약한 문명이다.

화북을 통일한 북위는 친한親漢정책을 펼쳐나간다. 애초부터 선비는 한족에 비해 인구가 적다. 동화만이 살 길이라고 생각한 사람은 4대 문성제의 황후인 풍馮태후였다. 한족이었던 그녀는 471년 효문제가 즉위하자 섭정을 맡아 자신의 신념을 실현해 나간다. 나라가 세워진지 100년 만에 몽골계들은 중국화되고 대량으로 만들어진 이 혼혈인종은 중국의 새로운 지배층이 된다. 풍태후가 죽고 효문제가 친정을 시작한 것이 그의 나이 24세 때다. 이미 정서적, 문화적으로 한족이 다되어 있던 이 선비족 황제는 선비와 한족을 통합하기 위해서는 일단 수도부터 역대 왕조의 도읍인 낙양으로 옮길 결심을 한다. 낙양(뤄양)은 동주에서 후당까지 13개 왕조가 도읍으로 삼았던 역사적인 도시로 관중과 하남 지방을 잇는 전략적 거점이기도 하다. 선비 세력은 강하게 반발한다. 효문제는 30만 군대를 이끌고 남조南朝의 제나라를 공격하러 간다고 떠나더니 슬그머니 낙양에 눌러 앉는다(참 이상한 천도 방식이다). 선비복 착용 금지, 한어 사용 등이 낙양 천도 후 그가 펼친 정책이다. 30만 대군이 빠져나가자 북위 본토에서는 반란이 일어나고 534년 한인 세력의 동위와 선비 세력의 서위로 나라가 갈린다. 싸움은 역시 유목 세력이 잘한다. 이후 북제와 북주로 각각 이름을 바꾼 둘은 격돌했고 577년 선비족 북주가 북제를 누르는 것으로 화북(화베이)은 다시 통일된다.

북주의 외척이었던 양견은 581년 일곱 살 황제로부터 선양을 받아 수나라를 건국한다. 본인의 타이틀을 문제로 정한 양견은 589년 차남 양

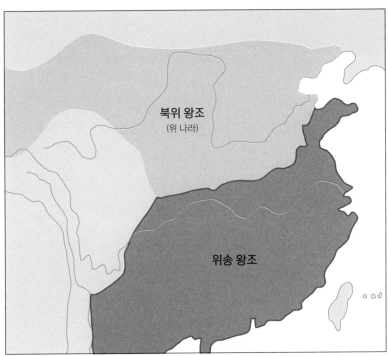

북위 왕조
(위 나라)

위송 왕조

386년부터 534년까지 존속했던 북위. 중국 중세사의 한 흐름으로 당대의 국호는 그냥 위魏 혹은 대위大魏였고, 북위라는 표현은 후대 역사가들이 붙인 표기 방식이다. 북위는 고구려의 해동의 패자 지위를 인정, 고구려 왕에게 정동장군征東將軍이란 고위 관직을 하사했다.

광을 지휘관으로 삼아 50만의 병력으로 진陳을 침공한다. 진은 5대 33년 만에 숨을 거둔다. 수 문제는 중앙집권을 강화했으며 새로 관리를 등용하는 과거제를 실시했는데 이는 이후 1,300년간 존속하며 20세기 초까지 이어진다. 나라의 체력도 좋아진다. 수 문제 말기 인구는 후한 당시의 수준으로 회복됐으며 비축한 곡물이 수년치 먹을 분량이었다고 하니 제법 치세에 성과를 거둔 셈이다. 2대 황제는 형과 아버지를 죽이고 자리를 차지한 양제였다. 그는 수백만의 백성을 동원하여 총길이 2,500km

에 달하는 대운하를 건설해 화북과 강남을 잇는다. 남북이 정치적으로는 물론이고 경제적으로도 통합되었다는 것을 뜻하는 상징적인 사업이었고 이 대운하는 현재도 중국을 남북으로 연결하는 대동맥 역할을 하고 있다. 수나라 통일 무렵 주변 정세는 동쪽의 고구려, 북쪽의 돌궐 그리고 서쪽의 토욕혼이 지역의 최강자로 부상한 상태였다. 돌궐이 제일 먼저 수나라에 무릎을 꿇는다. 동서로 분열된 것이 그 원인이었다. 583년의 일이다. 609년에는 서쪽의 토욕혼을 밟았으니 이제 남은 것은 고구려뿐이었다. 612년 수양제는 113만의 대군을 동원하여 고구려 침공에 나선다. 그러나 결과는 우리가 알다시피 치욕스러운 참패. 이어진 2차, 3차 원정에서도 고구려에게 판판히 깨지는 것으로 수나라는 연달아 자존심을 구긴다. 농민 반란이 일어난 것이 이즈음으로 617년 농민군은 낙양을 점령한다. 수십만을 동원했지만 진압군은 작전에 실패했고 618년 내부 쿠데타가 일어나면서 수양제는 황제자리를 잃는다. 마지막 순간 그는 자살을 요청했지만 그마저도 거절당하고 자신이 차고 있던 허리띠에 목이 졸려 죽는 수모를 당한다. 수나라가 세워진지 38년 만의 일이다. 역사책에는 양제가 폭군으로 묘사된다. 등골 빠지게 백성을 부려 운하를 건설해 거기서 뱃놀이를 즐겼으며 금, 은, 구슬로 장식된 별궁에 놀러 갈 때 사용한 120개의 방을 갖춘 거대한 용선龍船을 끌기 위해 8만 명의 농민이 동원되었다는 등의 설명이다. 그러나 전前정권을 씹는 건 후발 정권의 필수로 수나라의 뒤를 이은 당나라의 날조다. 수나라 중신 이연과 그의 아들 이세연은 중앙집권에 반발하는 호족 세력과 손잡고 양제가 궁을 비운 사이 쿠데타로 정권을 차지한다. 누가 봐도 배신이었다. 이연과 이세연 부자는 자신들의 황위 찬탈이 정당했음을 주장하기 위해 양제를 폭군으로 만들었다. 심지어 양광이라는 이름에서 양楊자를 양煬자로 바꿔 버렸는데 이때의 양煬은 예禮를 피하고 하늘을 거스르며 백성을 학대한다는 의미이다.

40년도 안 되는 세월이긴 했지만 수나라는 이후의 중국 역사에 막대한 영향을 끼쳤다. 율령의 핵심인 3성 6부제와 과거제의 원형이 만들어졌고 백성들이 고생은 했지만 대운하는 상업의 발달을 촉진하고 중국 경제의 중추적인 역할을 하게 된다. 그러나 무엇보다 중요한 업적은 중국의 재통일 그 자체다. 후한 말기 황건적의 난 이후 삼국시대와 5호 16국 시대, 위진남북조시대를 거치며 400년간 혼란의 연속이었던 중국 대륙을 평정한 것만으로도 수나라의 존재는 압도적이다(덕분에 중국사를 공부하면서 수많은 나라 이름을 외워야 하는 괴로움도 끝났으니 이 글을 쓰는 사람이나 독자들도 행복하다). 게다가 남북조시대를 통일한 만큼 수나라의 문화는 남조와 북조의 문화들이 섞여 문화적으로도 풍성해졌다. 크게 중요한 것은 아니지만 중국의 광주, 항주, 소주 등의 도시 명칭은 수나라 행정 구역 개편의 산물로 한반도의 의주나 해주 그리고 남쪽의 원주, 청주, 전주, 광주, 진주 등이 이를 따라한 것이다.

중국 재통일 기념으로 중국 국명에 대해 생각해 보자. 북위니 동진이니 후한이니 이런 명칭은 후대 사람들의 용이한 구별을 위해 붙인 이름이고 당시 이름은 그냥 위, 진, 한이다. 그럼 왜 중국은 나라 이름을 한 글자로 짓는 것일까. 가장 위대한 것은 '하나'이고 두 번째부터 그 밑으로는 지배를 받는다는 관념 때문이다. 해서 중국은 인접국가가 한 글자

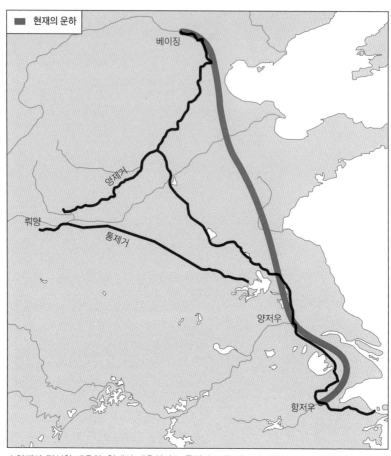

수양제가 건설한 대운하. 현재의 대운하와는 물길이 조금 다르다. 현재는 베이징에서 항저우까지 거의 직선으로 이루어져있다.

이름을 짓는 것도 허용하지 않았다. 거란의 '요'와 만주족 여진의 '금'은 송나라가 힘이 약해 주변 통제를 못하던 시기 자기들이 붙인 국명이다. 그런 면에서 현재의 중화인민공화국은 대단히 특별한 명칭이다. 자기들 도 긴 것을 알아 줄여서 말할 때는 신新중국이라고 부른다. 1943년 장제

스의 국민당은 '중국의 명운'이라는 책자에서 '국민당이 없으면 중국도 없다'는 슬로건을 제시한다. 공산당은 이를 맞받아 '공산당이 없으면 중국도 없다'며 맞선다. 같은 해 가을 공산당 음악가인 조화성(차오휘싱)이 동명의 제목으로 곡을 만들었고 멜로디가 경쾌해 어른들은 물론 아이들 사이에서도 큰 유행이 된다. 1950년 학교에서 돌아온 셋째 딸 이민 (리민)이 이 노래를 부르는 것을 듣고 있던 마오쩌뚱은 가사에 논리적으로 심각한 문제가 있다는 생각을 하게 된다. 중국 공산당은 1921년 창당했는데 중국은 수천 년의 역사였기 때문이다. 마오쩌뚱은 노랫말에 한 글자를 추가해서 논리를 보충한다. 중국 앞에 신新자를 붙인 것이다. 이 때부터 중화인민공화국의 줄임 명칭은 공식적으로 신新중국이 된다. 가사는 이렇다.

♫ 공산당이 없으면 새 중국도 없다/공산당이 없으면 새 중국도 없다/공산당은 민족을 위해 애 쓴다/공산당은 한마음으로 중국을 구한다/인민 해방의 길을 가리키고 중국을 광명으로 이끈다/8년 넘게 항전을 계속하고/인민의 생활을 개선했다/적 후방에 근거지를 세우고/민주주의를 많이 실행했다/공산당이 없으면 새 중국도 없다/공산당이 없으면 새 중국도 없다 ♫

이 노래는 현재까지도 불린다. 세계 인권운동단체, 타이완 등 반反중국세력은 이를 패러디하여 '공산당이 없어야 새 중국도 있다'로 가사를 바꿔 부른다. 내용도 당연히 반대.

6.
소금 전매로 망한 당나라

찬탈은 부당했으나 정치는 잘했다. 당태종 이세민 이야기이다. 수양제를 제거할 때도 아버지 이연과 함께 호흡을 맞출 정도로 정치적인 인물이었던 그는 형과 동생을 살해하고 아버지를 감금하면서 황제 자리에 올랐다. 626년, 그가 29세 때 일로 연호는 정관이었다. 당태종은 가문에 상관없이 실력으로 인재를 발탁했고(사실 이건 수양제가 모범을 보인 업적인데) 관료의 수를 줄였으며 국정을 충실하게 운영했다. 그가 신하들과 정치에 대해 나눈 대화를 기록한 것이 '정관의 치'로 나중에 후속 황제들의 필독서가 된다. 당태종은 계급이나 서열과 무관하게 모든 신하들에게 자유롭게 상소를 올릴 수 있는 권리를 허용했다. 직언, 직설도 다 받아주었다. 이 부분만큼은 세계 군주사^史에서 톱이라고 할 수 있는데 신하들은 거의 비난 수준으로 당태종을 몰아붙이곤 했다. 이중 가장 강렬한 멘트를 많이 날린 것이 위징이라는 인물이다. 위징은 목이 달아나고도 남을 발언으로 당태종의 심기를 숱하게 긁었고 툭하면 명령을 거부했다(물론 논리적으로). 위징은 당태종이 황제에 오르기 전 그의 형인 이건성에게 여러 차례 이세민을 제거하라 권한 적이 있었다. 나중에 당태종이 이에 대해 묻자 위징은 돌아가신 태자가 자신의 말을 쫓았다면 오늘 같은 일은 없었을 것이라 대답했다. 위징의 솔직한 답변에 당태종은 그의 벼슬을 올려준다. 16세 소년을 병사로 쓰는 문제를 결사반대해 이를 무산시킨 것도 위징이었다. 권력을 찬탈했다며 조정에 들어오지 않고 버티는 무리들을 토벌하려던 당태종의 보복계획을 접게 만든 것도 위징이었다. 고구려를 정벌하려다 실패했을 때 당태종이 "위징이 있었더라면 말렸을 텐데" 하며 탄식했다는 일화는 유명하다. 위징이 죽었을 때 당태종은 자신이 가진 세 개의 거울 중 하나를 잃었다며 하나는 의관을 보는 거울이요, 다른 하나는 패망한 역사를 보면 배우는 정치 거울이며 마지막이 그릇됨을 비추는 위징이었다며 통곡했다.

당태종은 군사적으로도 탁월했다. 630년 동돌궐을 멸망시키면서 '세계의 왕'이라는 칭호를 받았다. 중국 황제가 유목 민족들의 군주자리까지 겸하는 역사상 처음 있는 일이라는 평가도 있지만 실은 이세민 역시 선비, 탁발계로 분류되는 인물이니 유목민족이 중국황제 자리를 차지했다고 보는 게 맞겠다(게르만족의 로마 황제 자리 차지처럼). 당이 빠른 속도로 강대해진 핵심은 농지와 농민에 대한 완벽한 통제였다. 농지를 국유로 돌린 뒤 성인 남자 1명당 구분전口分田 80묘와 영업전永業田 20묘를 배정했는데 대략 5.5ha 정도의 넓이였다. 죽거나 60세가 되면 구분전은 국가에 반납, 영업전은 세습을 허용했는데 다만 영업전에는 뽕나무 등 국가가 정한 수목을 필수로 심어야했다(영업전은 군인 유가족에게 지급한 연금 정도로 생각하면 된다. 고려시대에도 있었다). 조세는 엄격하게 정하여 토지를 받은 농민은 왕겨를 벗기지 않은 곡물 약 120ℓ, 비단 6m나 면 110g을 바쳤으며 국가가 부여하는 노동 20일, 지방관청의 잡무 노동 50일이 할당되었다. 이게 무슨 농지와 농민 통제냐고? 중국처럼 넓은 영토를 소유한 왕조의 경우 어떻게 하면 지방 구석구석까지 통제가 가능하냐가 통치의 관건이다. 당나라가 시행한 균전제는 수나라의 것을 물려받은 것으로 백성에게 논밭을 동등하게 나눠주어 토지 소유에 대한 격차가 발생하지 않도록 하는 동시에(불만 방지) 지방에 강력한 세력이 형성되는 것을 원천적으로 봉쇄하는 효과가 있다. 또한 나누어진 논밭이 백성의 호적에 등록되는 까닭에 그 현황을 중앙정부가 일원화해서 관리할 수 있는 장점도 있었다. 물론 행정제도에 영원한 묘수는 없는 법이다. 시간이 흐르면서 부를 축적한 자산가 계급이 생겨났고 이런저런 사정으로 세금을 내지 못한 농민은 토지를 버리고 도망쳐 버려진 농지는 늘어나기 시작했다. 당나라는 토지의 매매를 허용하고 버려진 땅의 경작도 다른 사람이 할 수 있도록 비상조치를 취했지만 이는 자산가 계급이 토지를 대거 매입하며 지방 호족으로 성장하는 결과를 가져왔다. 더욱 부유해진 자산가들을 중앙의 관리들을 매수해 세금 면제 등 편법으로 부를 더 키웠고 나중에는 지역 치안 유지라는 핑계를 대고 사병을 양성하기 시작했다. 이것이 반란으로 가는 첫 번째 코스임을 통치자들은 잘 알고 있었지만 안다고 피해지는 것이 아니다. 시간이 흐르면서 당나라도 차츰 내부가 곪기 시작한다.

유방과 조조를 합쳐놓았다는 명군明君 소리를 들었지만 당태종에게도 한 가지 치명적인 실수가 있었다. 고구려 원정이다. 그러나 피할 수 없는 일이기도 했다. 수양제의 고구려 원정도 같은 맥락이었지만 중국의 입장에서 위협이 되는 존재는 북방의 유목민족과 만주의 유목민족이다. 두 유목민족의 차이는 일단 만주에는 철광이 대량으로 묻혀있어 이게 언제든 무기로 돌변할 수 있다는 것과 만주에 거주하는 유목민족은 100% 유목이 아니라 반농반목의 형태인 까닭에 정주국가의 장점을 일부 가지고 있어 상대하기 까다롭다는 것이다. 해서 중국은 만주에 독자적인 세력이 등장하는 것을 극도로 경계했고 고구려가 요하강까지 영토를 확장하자 신경이 예민해졌던 것이다. 642년, 당에 대해 적대적이던 연개소문이 쿠데타를 일으켜 정권을 장악하자 당태종은 이를 명분으로 삼아 침략전쟁을 개시한다. 당군은 먼저 국경의 가장 요충지인 요동성을 공격해 함락시켰고 이어 개모성과 비사성을 깼다. 서쪽 방어 기지에서 남은 것은 안시성 하나였다. 당군은 수십만의 군대를 동원해 밤낮으로 안시성을 두들겼고 고구려는 고연수와 고혜진 두 장군에게 15만 병력을 주어 안시성을 지원하도록 한다. 당태종은 고연수에게 자신은 연개소문을 단죄하러 왔을 뿐이고 교전은 바라지 않으며 다만 신하의 예만 취해 준다면 철수하겠다는 말을 전해 고연수를 자만하게 만든다. 그리고 헛바람이 들어간 고구려군을 유인해 박살 낸다. 당군은 드디어 안시성이 손에 들어왔다고 생각했지만 불행히도 안시성에는 수성전守城戰의 최강 고수 양만춘이 버티고 있었다. 그는 정사正史에는 전하지 않고 박지원의 『열하일기』등에만 이름이 나오는 장군으로 군민을 단결시켜 당군의 공격을 참고 버텼다. 성을 함락하면 성안 남자들을 모조리 죽여 버리겠다고 한 당태종의 공언도 안시성의 항전 의지에 기름을 부었다. 당군은 안시성 성벽보다 높은 토성을 쌓는 것을 비롯해 공성전에서 할 수 있는 방법은 다 동원했지만 토성이 무너지는 등 불운이 잇따르면서 뜻을 이루지 못한다. 9월에 되자 요동에는 찬바람이 불기 시작했고 당군의 군량미가 바닥을 드러낸다. 철수하는 당군의 어깨는 초라했다. 고구려 정벌은 그의 아들 고종 때에 가서야 성공한다. 엄밀하게 말해 당태종의 고구려 침공은 완벽한 실패는 아니었다. 그는 10개의 성을 함락했고 7만 명의 고구려 주민을 당에 편입시키는 나름의 성과를 거두었기 때문이다.

649년 당태종이 사망하고 셋째인 이치가 뒤를 이으니 고종이다(요절한 아들까지 치면 아홉 번째). 고종은 그 자신보다 부인이 더 유명한 군주로 측천무후는 중국 유일무이한 여황제다. 이름이 조曌인 측천무후는 당의 건국 공신인 무씨武氏의 차녀로 14세에 태종의 후궁으로 들어갔는데 정작 성은을 입은 건 그의 아들 고종 때에 이르러서였다. 궁녀 시절 그녀의 별명은 '무미랑'이었다. 예쁘게 생긴 무씨라는 뜻이다. 그럼에도 태종이 조를 취하지 않은 일화는 유명하다. 궁궐에 새로 들여온 말을 길들여 보겠다고 대장군인 울지경덕이 말위에 올랐으나 사납기가 하도 맹렬하여 여러 차례 말 등에서 떨어지는 수모를 겪는다. 이때 조가 자신이 말을 길들여보겠다고 나선다. 방법을 묻는 태종에게 조는 먼저 쇠막대로 쳐서 기를 죽일 것이며 그래도 안 되면 철주(쇠몽둥이)로 후려치고 끝까지 고분고분하지 않으면 비수로 목을 찌르겠다고 대답한다. 흠칫 놀란 태종이 그러면 말이 죽을 텐데 아무리 사납기로서니 지나치지 않으냐 되묻자 폐하의 장수들은 모두 폐하와 생사고락을 함께 한 충신들인데 말이 날뛰어 대장군을 다치게 했는데 어찌 말 목숨을 아끼겠느냐 대구한다. 태종은 크게 감탄하였지만 조를 더는 가까이하지는 않았다. 훗날 조가 벌인 행태를 보면 태종이 사람 하나는 잘 꿰뚫어 보았던 모양이다. 고종 초반기 여인세계에서는 아이를 낳지 못하는 황후 왕씨와 후궁인 소숙비가 암투를 벌이고 있었다. 전세가 소숙비 쪽으로 약간 기운 상태에서 황후는 조를 소씨의 라이벌로 키울 생각을 한다. 태종이 죽자 후궁들은 모두 절에 들어가 비구니가 되었는데 이는 당시 황실의 법도였다. 그 비구니 중 미모가 출중한 조를 황후는 떠올렸고 절에서 빼왔다. 그러나 황후 왕씨가 모르는 사실이 하나 있었다. 태종이 병이 들었을 때 조가 이를 간병하는 일을 맡았는데 그때 아버지를 보러왔던 훗날의 고종이 조를 마음에 담아두고 있었던 것이다. 아버지의 여자를 환속시키자니 세상의 눈치가 보인다. 그런데 말도 안 했는데 황후가 자기에게 조를 붙여주니 얼마나 좋았겠는가. 입궁 날부터 조에 대한 고종의 총애는 급상승했고 황후 왕씨는 이번에는 반대로 소숙비와 연합해 반조反照 연합전선을 결성한다. 태종과의 일화처럼 그러나 조는 만만한 여자가 아니었다. 그녀는 소숙비와 황후 왕씨를 연달아 몰아내고 황후 자리에 올랐고(이때부터 호칭은 무후) 황후 왕씨와 소숙비는 이제 무후에게 목숨을 구걸하는 처지가 된다. 좋게 말하면 온화하고 나쁘게 보면 소심했던 고종 대신 무후는 정치에 직접 개입하기 시작한다. 조는 고종의 옥좌 뒤에 발을 쳐놓고 수렴청정을 개시했고 황후와 소숙비의 편에 섰던 관료들을 토벌했으며 차례차례 반대파들을 제거해 나가기 시작했다. 태종의 건국 동지들인 쟁쟁한 원로대신들이 줄줄이 낙향하거나 귀양을 떠났다. 656년 측천무후는 자신의 장남 이홍을 황태자로 앉혔으나 얼마 안 가 돌연사. 이어 차남 이현을 황태자로 세웠지만 어머니에게 반항적이라는 이유로 폐위시키고 3남인 이현을 그 자리에 앉혔다(둘째와 셋째는 이름만 같고 한자는 다르다). 고종이 죽고 이현이 중종으로 황제에 오르자 그의 아내 위황후와 그녀의 아버지는 정권을 제 것으로 착각한다. 그러나 무리한 욕심으로 중종까지 폐위 당하는 사태가 벌어지고 4남인 이단이 예종으로 즉위한다.

남편에 이어 아들 둘까지 뒤치다꺼리하는 일이 지겨워진 그녀는 직접 황제 자리에 오르기로 결심한다. 690년 무후는 예종에게서 황위를 넘겨받아 국호를 주周로 고치고 성신황제의 자리에 오른다. 주周나라 초대이자 마지막 황제였다. 측천무후의 통치 기간은 15년 남짓이었다. 내치는 수준 이상이다. 황권의 강화책인 전시(황제가 친히 치르게 하던 과거. 자기 수족을 만드는 작업이다)를 최초로 시행한 것이 측천무후였다. 스스로를 추천하는 자거自擧제도도 처음 열었다. 이제 신분과 관계없이 누구나 관리에 도전할 수 있게 되었다. 사회 최하층에도 사람을 보내 인재를 선발했다. 자거自擧조차 하기 어려운 하층에도 인재가 있음을 알았기 때문이다. 제과制科는 학문 외에도 특별한 능력을 가진 인재를 선발하는 제도다. 이렇게 출사한 인물들이 모두 측천무후의 친위대가 되었음은 물론이다. 이들은 북문학사北門學士라고 불렸는데 통상 관리가 궁궐에 입궐할 때의 예법인 남문 입궐이 아닌 북문을 통해 들어와 측천무후와 직접 만났기 때문이다. 측천무후의 정치적 브레인이었던 이들은 훗날 '개원의 치'로 칭송받는 현종의 인재 풀 역할을 한다. 외치는 별로였다. 그러나 이건 측천무후 자체의 문제라기보다는 당이라는 나라 자체가 슬슬 기울기 시작한 것으로 이해하는 것이 올바르겠다. 정점에 달했으면 이제 내려올 일만 남은 것이 일반적인 나라의 수명 곡선이 아니던가. 사생활에 있어 약간의 사치는 있었지만 그 정도야 뭐. 대체로 이전, 이후의 황제들에 비해

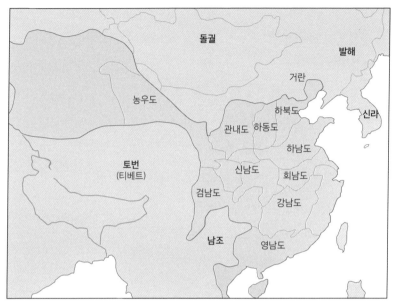

8세기 당나라의 강역. 여기에 티베트를 더하면 현재 중국 영토에 가까워진다.

업적에서 떨어지는 것이 없었고 내치는 나름 성공적이었다. 그러나 남존여비 사고방식에 찌든 후대 유교 역사가들은 그녀를 여태후, 서태후와 함께 중국 3대 악녀로 만들어 진흙탕에 처박았다. 산 채로 황후와 소숙비의 손발을 잘라 술독에 빠뜨려 죽였다는 조작은 기본이다. 성욕이 과다하여 남첩 3,000명을 뒀다는데 이는 백제 의자왕 3,000 궁녀 이야기만큼이나 근거 불명이다. 심지어 그녀가 낳은 안정공주나 태자 이홍의 사망도 측천무후의 작업으로 해놨으니 남첩 3,000명은 오히려 애교라 하겠다. 측천무후는 자신의 묘비에 한 자도 새기지 말라는 유언을 남겼다. 자신의 행적에 대한 평가를 훗날의 역사에 맡긴다는 뜻이었겠지만 현재도 그녀의 비는 무자비無字碑로 남아있는 상태다. 중국에서 여성 주석이 탄생하기 전까지는 아마도, 앞으로도, 오랫동안 그럴 것으로 보인다.

712년 6대 황제가 된 현종은 40년을 재위한 인물로 당의 전성시대를 열었다. 현종의 시대를 그의 연호를 따 '개원의 치'라고 한다. 당의 번영을 상징적으로 보여주는 게 수도였던 장안(창안)이다. 낙양과 더불어 번갈아 가며 수도 역할을 했던 장안은 인구 백만을 헤아리는 도시였고 로마 이후 최대 규모의 도시로 꼽힌다. 장안의 규모를 보면 동서 9.7km에 12개의 성문을 가진 높이 5m의 성벽이 에워싸고 있었고 도로 중 가장 큰 주작대로는 폭이 150m에 달했으니 그 위상을 짐작할 수 있다. 장안은 국제도시로도 유명했다. 인구 20명 당 한 명꼴로 외국인이었다. 페르시아인, 터키인, 소그드인 등이 주요 외국인이었고 신라를 비롯해 동아시아에서 온 중, 단기 체류 유학생 숫자는 1만 명에 달했다. 그 외에도 외교관, 예술가, 상인들이 득실득실 바글바글.

신라 최고의 천재 소년 최치원도 당나라 유학생출신이다(시기는 9세기 의종 때). 874년 최치원은 빈공과에서 장원으로 합격했는데 지금으로 치면 하버드대 수석 합격쯤으로 보면 되겠다. 그의 나이 열여덟, 유학생활 6년 만의 쾌거였다. 소금 장수 출신 황소가 난을 일으켰을 때 최치원이 그를 꾸짖어 쓴 '토황소격문'은 유명한 일화다. 문장이 어찌나 멋지고 간담이 서늘하게 겁을 주었던지 글을 읽던 황소는 너무 놀라 침상에서 굴러떨어졌다. 황소의 난이 진압된 후 사람들은 황소를 무찌른 건 칼이 아니라 최치원의 글이라며 그를 칭송할 정도였다. 그런 최치원이었지만 귀국 후 고국에서의 생활은 최악이었다. 진성여왕에게 나라를 구할 방안을 연구해 올렸지만 신라의 고리타분한 귀족들은 6두품 출신인 최치원의 개혁안을 무시하고 들여다보려 하지도 않았다. 다시 장안 얘기로 돌아가자. 장안의 이민족들을 통해 세계의 문화와 문명이 중국으로 들어왔다. 특산물, 예술, 학문이 전해졌고 장안 거리에는 유목민 스타일의 바지, 샌들, 모자와 페르시아 풍의 장신구, 음악과 춤이 유행했는데 이를 호풍문화라고 불렀다. 서방 상인들은 호상胡商으로 불렸고 특히 소그드 상인들이 기세를 떨쳤는데 장사라면 어디 가서 빠지지 않는 중국 상인들도 그 규모와 수완에 혀를 내둘렀다. 조로아스터교, 마니교, 네스토리우스파 기독교(경교景敎라고 한다) 등 이민족들을 위한 예배당도 세워졌다. 그야말로 국제도시로서 어디에 내놔도 빠지지 않던 곳이 장안이었다. 시문도 발달해서 양대 거장 두보와 이백이 나왔다. 두보는 시성詩聖으로, 이백은 시선詩仙이라 했으니 성인과 신선이 시를 지어내는 시대였던 셈이다. 당시唐詩는 지금도 가장 품격 있는 시문의 대명사로 쓰인다. "그 시인의 시는 당풍이 있어" 뭐 이런 용례다.

황제라는 게 다 그렇지만 만년의 현종 역시 헤매기 시작했고 그를 대신해 정치를 잡은 게 재상 이임보다. 여기에 3천 명의 환관이 가세한 당 조정은 거대한 쓰레기더미 혹은 괴물로 변해가고 있었다. 겨울이면 현종은 장안 교외의 온천에 가서 벌거벗은 미녀들을 보며 시간을 보냈는데 이때 만난 것이 양옥한이라는 여자다. 한눈에 반한 현종은 그녀에게 두 번째 부인인 귀비龜碑의 지위를 주었는데 덕분에 우리는 그녀를 양귀비라는 이름으로 기억한다. 현종 시대 두 번의 반란이 일어난다. 안록산의 난과 사사명의 난이다. 안록산은 그 이름처럼 한족이 아닌 소그드인을 아버지로, 돌궐인을 어머니로 둔 무인(절도사 직책)으로 어찌나 덩치가 컸던지 처음 그를 본 현종이 즉시 자기 사람으로 삼아야지 욕심을 낼 정도였다. 현종의 관심을 끈 안록산은 머리도 잘 돌아가서 양귀비에게 자신이 나이가 더 많은데도 양자를 자처하며 권력 핵심부에 다가간다. 751년 안록산은 10개의 절도사 가운데 세 개를 차지하고 총병력의 40%에 달하는 18만 명의 군사를 거느리게 된다. 양귀비 집안의 양국충이라는 자가 이를 시샘하여 반란의 기미가 보인다고 현종에게 고하였고 코너에 몰린 안록산은 어쩔 수 없이 진짜로 반란을 일으키게 된다. 장안을 점령한 안록산은 사람이 변해 포악해지더니 행패를 일삼다 둘째 아들인 안경서에게 살해당하고 반란은 친구이자 부하였던 사사명이 이어받는다. 안경서를 죽이고 스스로 반란군의 총수가 된 사사명은 자신을 대연황제라 칭하고 순천順天이라는 연호까지 붙인다. 그러나 막내아들 사뢰청을 너무 아낀 나머지 큰아들 사사조를 내치려다 오히려 사사조에게 살해되는 불행한 최후를 맞는다. 안록산, 사사명의 앞 자를 따서 보통은 안사의 난이라고 부른다. 8년 동안의 생난리였다.

재정 궁핍을 당은 전통적인 소금 전매와 토지의 사유화에 기반한 양세법(면적에 따라 동전으로 세금 납부)으로 돌파하려 들었다. 소금 가격을 30배로 올린 것이다. 일시적으로 세수가 늘어나자 재미가 붙은 당조정은 술과 차에도 전매제도를 시행해 추가 반발을 불러일으켰다. 토지 사유화 불가는 원래 당의 기본원칙이었다. 이걸 사유화 인정으로 바꾼 덕분에 당의 수명은 조금 더 연장될 수 있었다. 조정의 갈등은 심각했다. 과거를 통해 조정에 들어온 세력과 과거를 건너뛰고 조정에 들어온 귀족 집안 자제들이 충돌했고 환관은 두 세력의 중요한 캐스팅 보트였다. 환관 세력의 힘이 커진 것은 당연하다. 9세기 이후에는 아예 환관 왕조

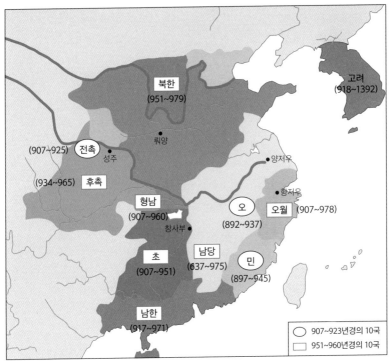

북한
(951~979)

뤄양

고려
(918~1392)

(907~925) 전촉
성주

양저우

후촉
(934~965)

항저우

형남
(907~960)

오
(892~937)

오월 (907~978)

창사부

남당
(637~975)

초
(907~951)

민
(897~945)

남한
(917~971)

○ 907~923년경의 10국
□ 951~960년경의 10국

오대십국五代十國. 후량後梁(907년 - 923년), 후당後唐, (923년 - 936년), 후진後晉(936년 - 946년), 후한後漢, (946년 - 950년), 후주後周(951년 - 960년)로 정말 숨 가쁘게 명멸했다. 20년 이상 이어진 왕조는 하나도 없고 다 합쳐 53년이었다. 후한은 4년으로 있었나 싶을 정도. 10국은 굳이 설명할 필요가 없을 듯하다.

라 불릴 만큼 이들은 엄청난 권력을 행사했고 나라가 망하는 데 큰 힘을 보탠다. 소금 값이 오르자 밀매가 성행했고 밀매업자들은 민중의 지지를 얻어 세력을 키운다. 기어이 소금밀매업자 주도로 봉기가 터진다. 874년 왕선지가 시작 나팔을 불었고 그가 죽자 황소가 이어받아 880년 낙양과 장안을 접수한다. 반란은 10년 만에 진압된다. 진압군 대장이었던 이극용과 황소군軍 배신자 주전충은 내전에 돌입하고 승자는 주전충이 된다. 당은 장안 주변에서나 힘을 쓰는 지방 정권으로 전락했고 장안에 입성한 주전충은 환관, 관료, 귀족 가릴 것 없이 모조리 죽이고 후량後粱을 건국한다. 290년 수명의 당제국이 무너지는 순간이었고 907년의 일이었다.

이어진 것은 어지러울 정도의 숨 가쁜 정권교체였다. 후량, 후당, 후진, 후한, 후주 등 5대 세력이 50년간 연이어 세워졌으며 지방에서는 당대 말의 절도사들이 각자 나라를 차렸다. 이렇게 세워진 나라가 10국이라 하여 5대10국 시대라 부른다. 중국은 전통적으로 무인의 지위가 낮은 사회다. 절도사들이 나라를 세우면서 정치, 행정이 불안해졌고 이는 다음에 들어설 정권이 문치주의에 집중하게 되는 결과로 이어진다.

7.
잊힌 제국 위구르 그리고 중국 영토의 서쪽 확장

당나라와 세트로 붙어 나오는 세력이 있다. 돌궐이 패망 길에 접어들면서 세워진 나라 위구르다. 741년, 튀르크 계열 종족인 위구르족이 봉기하여 자신들을 지배하고 있던 돌궐 제국을 멸망시키고 흉노와 돌궐에 이어 북방 초원에 세 번째 제국을 세운다. 이들은 존속기간인 100여 년 동안 중국과 서로 절실했던 군사력과 경제력을 상호 교환하면서 820년 무렵에는 티베트와 함께 중앙유라시아를 삼분하는 절정기를 누리게 된다. 지도를 보면 그 무렵 이들의 기세를 짐작할 수 있다.

위구르 카간 제국은 위구르족과 오구즈족이 연합하여 세운 나라다. 위구르족은 627년 서돌궐의 과다한 세금부과에 반대하며 부족 연합이 반란을 일으켰을 때 그중 하나로 처음 이름을 알렸지만 740년까지는 특별히 언급된 적은 없는 부족이었다. 오구즈는 630년 동돌궐이 멸망했을 무렵 몽골의 툴라 강과 셀렝가 강 사이에 나라를 세운 부족이다. 이들은 현재 아제르바이잔, 이라크의 튀르크멘 그리고 튀르크메니스탄 튀르크인들의 직계 조상이 된다. 742년 오구즈족과 함께 위구르를 창업한

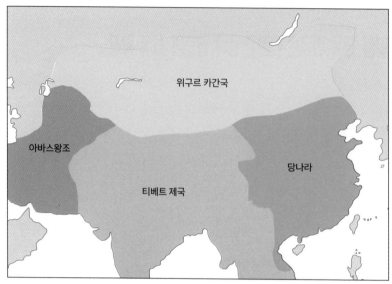

밑으로 티베트, 서쪽으로 아바스가 보인다. 당시에는 토번으로 불리던 티베트 제국은 위구르 제국을 끊임없이 위협했으며 당과의 사이를 가깝게 했다 멀게 했다 하게 만든 장본인이었다.

인물이 위구르족의 쿠틀룩 빌게 퀼 카간이다(창업 연도가 745년이라는 설도 있다). 5년 뒤 쿠틀룩이 사망하면서 지위는 아들인 바얀 초르에게 넘어간다. 그의 칭호는 좀 긴데 '탱그리데 볼미쉬 일 에트미쉬 빌게 카간'으로 '탱그리에서 태어나고 나라를 만든 현명한 카간'이라는 뜻이다. 탱그리는 초원 유목 민족들이 하늘을 칭하던 말이다. 바얀 초르는 주변 튀르크계 부족들을 통합하면서 점차 세력을 키운다. 이때 넘어진 부족들이 거란, 타타르, 키르키즈 등이다. 이 중 키르키즈는 나중에 위구르를 멸망시킨다. 바얀 초르 재임 도중 두 개의 큰 사건이 일어난다. 모두 당나라와 관련이 있는데 하나는 탈라스 전투다. 위구르 건국 9년 차에 일어난 대사건으로 중앙아시아 실크로드의 패권을 놓고 중국과 이슬람 세력이 맞붙은 것이다. 아시다시피 결과는 당나라의 참패. 위구르는 이 지역 힘의 공백 상태를 놓치지 않았다. 날름 톈산산맥과 곤륜산맥 사이의 타림 분지를 차지해 버린 것이다. 초목 농업이 가능한 타림 분지가 생기면서 이들은 유목 생활을 버리고 정주 사회로 진입한다. 위구르의 행정수도는 오르혼 강 연안의 '오르두 발리크'인데 오르두, 발리크 모두 성城의 이름이다. 성벽을 쌓는 것은 정주민족의 기본이자 특징이다. 그러니까 유목민적 기질과 정주민적 특성이 결합된 나라가 만들어진 것이다. 두 번째 사건은 건국 12년 차에 일어난 안록산의 난이다. 탈라스 전투만큼이나 위구르에 행운을 가져다 준 사건이었는데 진행과정이 흥미진진하다.

안록산의 난으로 붕괴 직전까지 몰린 당나라는 위구르의 바얀 초르에게 손을 내민다. 757년 당의 외교교섭 사절단이 위구르 수도에 도착한다. 바얀 초르의 머리는 바쁘게 돌아간다. 위구르가 돌궐을 무너트릴 때 수많은 돌궐 잔당들이 남하했고 이들은 안록산 부대에 흡수된다(안록산의 출생을 보면 어머니가 튀르크계다). 이 잔당들이 힘을 얻기라도 하면, 그리고 그 날카로워진 칼끝을 자신들에게 겨누면 제 3의 돌궐 제국 탄생이 하지 않는다고 장담할 수 없는 일인 것이다. 그러니까 위구르 입장에서도 안록산의 난은 꼭 해결해야 하는 과제였으니 때마침 파병을 요청한 중국이 고마웠을 것이다. 그러나 이런 속셈을 들킬 수는 없는 일이다. 위구르는 카드놀이에서의 블러핑처럼, 내키지는 않으나 그리 원한다면 들어주지 하는 태도로 파병을 결정하고 대신 조건을 세게 부른다. 위구르가 장안과 낙양의 반란군을 토벌해 주는 대신 당나라는 금, 은, 재물과 여자를 넘겨준다는 조건이었다. 여기에 당 황실의 공주까지 바얀 초르에게 시집을 보낸다는 조건 하나 더 추가. 체면도 깎이고 감당하기도 만만치 않았지만 지푸라기 한 줌이 아쉬웠던 당나라는 협상안에 서명을 할 수밖에 없었다. 약정에 따라 바얀 초르는 장남인 야브구 테킨을 사령관으로 삼아 4만 군사를 중국에 파병한다. 장안에서 당의 진압군과 합류한 야브구 테킨은 자기 역할을 제대로 해내며 반란군 격퇴에 성공한다. 이제 약정을 이행할 차례다. 당 현종은 장안에서 바로 약정 이행시 위구르 지원병들에 대한 반감이 높아져 반란군 세력이 기사회생할 수 있다고 생각하여 이행의 보류를 촉구한다. 완전 보류는 아니고 낙양까지 수복한 다음에 이행하겠다는 조건부였으니 아주 틀린 말은 아니었다. 낙양까지 진압하고서야 야브구 테킨은 협상의 과실을 맛볼 수 있었다. 안록산의 난 도중에 바얀 초르가 사망하고 이어 당 현종이 세상을 뜬다. 그동안 위구르와 당의 관계는 더욱 긴밀해진다. 무역이 활발해지면서 위구르는 톡톡히 재미를 보았는데 비단과 말을 교환하는 견마 무역에서 위구르는 폭리를 취하며 교환 비율을 1:1에서 1:40까지 올린다. 말을 탄 기병의 기동성과 뛰어난 공격성은 당시 전쟁의 승패를 좌우했고 좋은 말이 아쉬웠던 당나라는 울며 겨자 먹기로 이에 응할 수밖에 없었다. 전성기 말의 숫자가 70만 필에 달했던 당나라의 말 보유는 안록산의 난을 거치면서 3만 필로 줄어들었기 때문이다.

중국이 말이 아쉬웠다면 위구르는 비단이 절실했다. 위구르는 당과의 무역으로 생긴 비단 일부는 내수 시장으로 돌리고 일부는 고가로 주변 종족들에게 팔거나 회유의 수단으로 활용하면서 세력을 키워나갔다. 진정한 제국의 길을 걷기 시작한 것이다. 반면 해마다 10만 필 가까운 말을 수입하면서 당의 재정은 휘청거린다. 이에 당은 채무를 다음 해로 넘기는 방식으로 위구르를 달랬고 채무 이행을 촉구하기 위해 당나라를 방문하는 사절단에게도 듬뿍 선물을 안겨줘 때마다 위기를 모면했다. 위구르 사절단의 규모는 1천 명 남짓. 그러나 사절단이 돌아갈 때 그 뒤를 따라가는 조공품 수레는 사절단 숫자에 맞먹을 정도였다. 약정에 따라 당나라는 위구르에게 공주도 보내야 했다. 화번공주和蕃公主는 이웃 번국과의 평화를 담당하는 공주라는 뜻으로 정략적이고 외교적인 수단으로 출가시킨 중국 황실의 공주를 말한다. 한고조 유방이 묵돌 선우에게 종실의 딸을 보낸 것이 시초라고 하는데 그 일이 당대唐代에 들어 또 벌어진 것이다. 그러나 그때와는 차원이 다른 게 이번에는 종실이 아니라 황제의 친딸인 영국공주寧國公主가 화번공주 역할을 맡았다. 바얀 초르는 영국공주를 보내주는 것에 대한 감사의 표시로 2천 필의 명마를 당에 보냈고 2천 명의 사절단을 당에 파견해 예를 갖췄다. 위구르로 떠나기 전 영국공주는 아버지인 숙종의 품에 안겨 울면서도 나라의 일이니 죽더라도 슬퍼하지 않겠다고 의연한 모습을 보인다. 영국공주의 위구르 생활은 행복하지 못했다. 시집간 지 1년도 안 되어 바얀 초르가 사망했고 그녀는 위구르의 전통에 따라 순장 될 처지에 놓인다. 공주가 중국의 법도와 다르다며 이를 거부하자 위구르 황실은 법도에 따라 얼굴을 자해하고 곡을 하는 것으로 절충안을 낸다. 상을 치른 후 위구르 조정은 아이가 없는 영국공주의 귀향을 허락했다. 얼굴에 칼자국이 난 채 영국공주는 쓸쓸하게 고국으로 돌아왔다.

당나라가 위구르에게만 화번공주를 보낸 것은 아니다. 돌궐, 토번 등으로 상대로도 화번공주가 파견(!)되었다. 공주를 받는 입장에서는 그것 자체가 권위의 상징이었다. 중국 황제의 딸을 아내로 맞는 것만큼 가시적으로 권위를 드러낼 수 있는 일은 없었기 때문이다. 이는 서양에서도 똑같이 벌어지는 일로 로마제국의 야만인 우두머리들은 로마 황실의 여인을 아내로 맞는 것을 자랑으로 여겼다. 당시 외민족의 땅으로 가야만 했던 화번공주들의 삶이 참 불쌍타. 숙종 때 위구르로 간 것은 영국공주만이 아니었다. 영휘공주가 그 뒤를 따랐으며 덕종 때에는 함안공주, 목종 때에는 태화공주가 그 신세가 되었다. 유목민 특유의 형사취수제(형이 죽으면 동생이 형수를 취하는 관습)에 따라 여러 번 결혼해야 했던 화번공주도 있었다.

바얀 초르 사망 이후 작은 아들인 타르칸 뵈귀가 3대 카간의 자리에 오른다. 영휘공주와 결혼한 인물이다. 안록산 이후에도 당나라에서의 크고 작은 반란은 계속 이어졌다. 특히 안록산의 잔당인 사사명의 반란이 골치였다. 당 숙종은 위구르에 또다시 파병을 요청한다. 뵈귀 카간은 직접 군사를 이끌고 당나라로 진군한다. 그 사이 숙종이 사망하고 그 뒤를 대종이 잇는다. 대종은 아들인 이괄을 영접단 단장으로 하여 뵈귀의 당나라 도착을 축하하게 한다. 여기서 문제가 터진다. 환영의 표시로 당나라 영접단이 위구르 전통 춤을 추지 않았다는 이유로 뵈귀 카간이 화를 냈고 급기야는 태자인 이괄에게 춤을 추라고 강요한 것이다. 이괄을 보필하던 관리가 황태자는 그 춤을 모른다며 거절하자 흥분한 위구르 관리가 당나라 관리를 때려죽이는 일이 벌어진다. 환영식이 선전포고의 장으로 돌변할 수도 있는 상황이었으나 당은 참고 넘어간다. 그러기에는 위구르의 군사력이 너무나 아쉬웠던 것이다. 뵈귀의 군대는 낙양에서 반란군을 몰아내고 재물을 챙겼으며 도시를 불태웠다. 8년간 지속된 안록산의 난은 중국을 황폐하게 만들었다. 반란 전 5,300만이던 인구는 1,700만으로 줄었고(무려 3,600만 명이 희생된 끔찍한 사건이었다) 농민들은 삶의 터전을 잃었다. 당은 난이 끝난 후 조금씩 기력을 회복하기 시작했고 770년 중반 이후에야 겨우 안정을 되찾는다.

뵈귀 카간의 치세 중 주목할 것이 마니교를 받아들인 것이다. 마니교는 3세기 페르시아 왕국에서 마니가 창시한 이원론적 종교로 중앙아시아에서는 제법 확고한 자리를 잡고 있었다. 뵈귀는 762년 중국을 방문했을 때 처음 마니교를 접했는데 뭐가 마음에 들었는지 덜컥 국교로 삼아버린다. 마니교의 국교 선포로 위구르 사회는 많은 변화를 겪게 된다. 단순한 변화가 아니었다. 유목민족이 정착민 종교를 가지게 됨으로써 위구르족의 습성 자체가 변화하기 시작한 것이다. 광명의 선과 암흑의 악을 구분하고(이원론) 채식菜食, 불음不淫, 단식斷食, 정신淨身, 예배를 중요시하는 풍토가 확산되면서 위구르의 야성은 점차 무디어져 갔다. 마치 기독교를 받아들인 로마인들이 유순하게 변한 것처럼 이는 고대 사회에서는 그다지 바람직한 변화가 아니었다. 게다가 중국과의 무역이 활성화되면서 전에 없던 사치풍조까지 기승을 부렸으니 초원 유목민족의 바람직한 특성을 위구르는 모조리 잃어버렸던 것이다.

당나라가 안정을 찾아가면서 두 나라 사이에도 변화가 생긴다. 자존심을 되찾기 시작한 당이 위구르가 하자는 대로 따라야 했던 관행을 하나

둘 틀기 시작한 것이다. 일단 당은 장안에 들어와 있는 위구르 상인들에게 철수를 강제하는 등 제재조치를 취하는 것으로 비협조의 포문을 연다. 무역 규모가 커지면 커질수록 손해의 폭이 늘어나는 무역불균형 현상이 심화됐기 때문이다. 이를 모욕으로 받아들인 뵈귀는 당나라를 침공하지만 이미 당은 원병을 청하던 시기의 당이 아니었고 몇 번의 패전 끝에 뵈귀는 군사를 돌릴 수밖에 없었다. 뵈귀는 설욕전은 준비하지만 숙부인 톤바가 타르칸에게 가로막힌다. 톤바가 타르칸은 중국과 전쟁에 돌입하는 것은 현명한 일이 아니며 우호 관계의 유지를 조언한다. 그는 뵈귀가 마니교에 호기심을 보일 때도 탱그리 사상을 버리면 나라의 미래가 위태로워진다고 극력 반대했던 인물이다. 그럼에도 뵈귀 카간은 들은 척도 하지 않자 780년 톤바가 타르칸은 위구르인들의 민심을 등에 업고 쿠데타를 일으킨다. 정변으로 뵈귀와 측근 2천 명이 처형당하고 화번공주였던 영휘공주가 뵈귀와의 사이에서 낳은 두 명의 아들도 이때 살해된다. 영휘공주는 뵈귀가 죽은 후에도 위구르에 남았고 791년 사망할 때까지 30년간 홀로 위구르 생활을 해야만 했다(좀 불쌍하지만 다음 번 화번공주는 더 끔찍한 상황을 겪었다).

톤바가 타르칸 시대에도 당과 위구르의 관계는 별로였다. 당나라 침공을 말리고 즉위한 톤바가 타르칸인데 왜 그랬을까. 당시 당의 황제는 덕종이었고 762년 뵈귀가 장안에 입성하는 환영식장에서 수모를 겪었던 바로 그 황태자 이괄이었기 때문이다. 톤바가 타르칸은 위구르 상인 문제 해결을 위해 당에 사절단을 파견한다. 정반대의 상황이 벌어진다. 토둔을 지휘자로 하는 위구르 사절단이 당과의 협상을 마치고 귀국하는 길에 당나라 국경 수비대가 짐 속에 납치한 중국 여인이 있다는 등의 이유를 들어 천 명 이상의 사절단과 상인들을 죽여 버린 것이다. 당 조정은 후폭풍을 우려했지만 위구르 역시 그 일로 당나라와 전면전을 치를 형편은 되지 못했다. 결국 비단 180만 필을 받는 조건으로 사태는 마무리된다. 위구르의 속을 긁어놓았으니 당 덕종도 마음이 편할 수만은 없었다. 덕종이 생각한 방안은 토번 왕국과의 관계 개선이었다. 일종의 위구르 고립 외교를 벌인 셈이지만 토번은 바보가 아니었다. 친하게 지내자는 당의 요청을 거절하고 오히려 당을 침공해 하서지구를 점령해 버린다. 당의 내부 사정이 복잡하여 위구르, 토번 양국 군대를 맞아 싸울 수 없다는 계산에서 나온 행동이었다. 이후 당과 토번은 일진일퇴의 전투를 벌이지만 소강상태로 접어들고 양측은 782년 평화협정을 체결한다. 당 내부에서 절도사들의 반란이 연달아 도저히 외국과의 전쟁을 지속할 수 없었기 때문이다.

위구르 역시 사정은 좋지 못했다. 타르칸의 위상이 실추되고 당과 토번의 외교가 개선되면서 사절단 살해 사건을 눌러 참은 톤바는 고립의 처지에 놓인다. 톤바가 타르칸은 당과의 우호 증진을 추진했고 787년 당과 위구르의 관계는 다소 회복된다. 언제까지나 토번과의 관계가 아름다울 수는 없다는 판단도 한 몫을 했을 것이다. 톤바가 타르칸은 화해의 의미로 중국 공주의 출가를 요구했다. 덕종은 함안공주를 내보냈고 다시 양국은 사돈관계가 된다. 처음 덕종은 공주가 위구르로 시집가는 것을 반대했다. 그러나 위구르의 군사력과 계속해서 말을 확보해야 하는 난처한 사정이 깐깐한 덕종의 의지를 꺾었다. 톤바가 타르칸은 함안공주와 새살림을 차린 지 1년 후 사망했고 함안공주는 이후 세 명의 카간을 거치며 왕후자리를 유지했다. 톤바가 타르칸에 이어 그의 아들과 손자 그리고 자식이 없었던 손자 대신 칸에 오른 재상 골졸록이 그녀가 남편으로 맞았던 사람들의 명단이다. 한족공주가 두 개의 성姓, 3대代, 4명의 칸에게 수계혼을 당한 것이다. 유가적 윤리 관념을 익힌 공주에게는 정말 난감하고 굴욕적인 상황이었을 것이다. 그럼에도 함안공주는 그녀의 사명을 잊지 않았다. 견마무역에서 교환 비율을 놓고 양측의 입장이 갈리자 이를 중재해 당나라 쪽 이익을 높여주었다. 808년 함안공주는 사망한다. 위구르 생활 21년차였다. 당 현종은 조회를 3일간 철폐했으며 함안공주를 연국대장공주에 명하고 시호까지 내렸다. 그녀는 위구르 땅에 묻혔고 죽어서 당나라로 돌아와 묻히지 않은 유일한 공주가 되었다.

토번의 공세는 당에만 집중되지 않았다. 위구르 주변 국가들을 복속, 포섭하면서 슬슬 위구르의 숨통을 조이기 시작한다. 토번은 특히 튀르크계 부족들을 목표로 삼았는데 이들은 위구르의 주요 협력자들이었기 때문이다. 톤바가 타르칸을 이은 것이 아들 탈라스로 텡그리데 볼미쉬 퀼릭 빌게 카간이 공식 칭호다. 유능한 인물은 아니었다. 그는 토번 원정에 나섰다가 크게 패배했고 내부 부족들이 반란을 일으켜 남쪽으로 피신하는 수모를 겪었다. 집안 단속도 제대로 하지 못했던지 즉위한 지 얼마 되지 않아 후궁에게 암살당하는 것으로 삶을 마감했고 그의 어린 아들인 아 초르가 카간 자리에 오른다. 나이가 어린 아 초르를 대신해 섭정을 한 것은 쿠틀룩 장군이었다. 다행히 그는 충신이었다. 자리를 노리

지도 않았고 성심으로 아 초르를 보좌했다. 아 초르 시기 토번의 공세는 더욱 맹렬해졌고 내부 부족들의 반란도 끊이지 않았다. 아 초르 카간은 스트레스로 열일곱의 나이로 사망한다. 후계자는 없었고 결국 쿠틀룩이 카간 자리에 오른다. 유목민족에게는 황금씨족이라는 게 있다. 황제를 배출할 수 있는 집안을 말한다. 위구르는 전통적으로 '야글라카르'라는 집안에서만 카간을 냈다. 쿠틀룩은 '에디즈'라는 부족 출신인데다 심지어 고아였다. 그의 카간 즉위는 좋은 일이 아니었다. 양대 부족이 권력 쟁탈전을 시작한 것이다. 각 부족의 우두머리들이 나도 카간이 될 수 있다는 꿈을 꾸기 시작한 것은 혼란을 가중시켰다. 아니나 다를까 야글라카르와 에디즈 가문이 충돌하기 시작한다. 824년부터 839년 그러니까 위구르가 멸망하기 바로 전 해까지 두 가문은 죽이고 죽였으며 카간 한 명이 살해당하는 일까지 벌어진다. 이민족 군대를 불러들이는 것은 국가 패망의 필수절차가 아니던가. 반란군이 북쪽 초원의 키르키즈족에게 손을 내미는 순간 위구르의 수명은 끝났다고 봐도 좋겠다. 839년 겨울에는 전염병까지 돌았고 여기에 더해진, 마니교의 영향으로 인한 전사들의 기강 해이는 더 이상 위구르를 존속시킬 수 없는 지경까지 끌어내렸다. 마침내 840년 키르키즈는 대규모 병력을 동원하여 위구르를 침공했고 제국은 힘없이 무너진다.

제국의 해체 이후 위구르인들은 고향을 떠나 뿔뿔이 흩어진다. 동쪽 지방 위구르족은 중국 변경으로 몰려갔다. 중부와 서쪽 거주민들은 중앙아시아로 발길을 옮겼다. 제국의 멸망 후 위구르 잔당들은 자신들이 지배했던 신장과 중앙아시아 지역에 몇 개의 왕국을 세우지만 오래 간 왕국은 없었다. 몽골제국이 발흥하면서 전부 속국이 되거나 멸망했고 몽골제국이 해체되자 이번에는 몽골의 제후국인 차카타이 한국의 지배를 받았다. 이후에도 그 지역과 위구르족에 대한 지배는 나라를 달리하며 계속 이어졌고 마지막 주자는 만주족이 세운 청나라였다. 1759년 청나라의 6대 건륭제가 서역으로 불리던 톈산산맥 이남의 위구르 지역을 강제로 편입하면서 이들은 다시 중국의 발밑으로 들어갔으며 잠시 러시아가 점령했으나 청이 되찾으면서 새로운 영토라는 의미의 '신강新疆(중국 발음 신장)'이라는 이름까지 떡 붙여버렸다. 위구르 인들은 계속해서 분리 독립 운동을 벌였으나 1949년 중화인민공화국에 다시 강제 편입되면서 '신장-위구르 자치구'가 되었다(신장은 지역명, 위구르 자치구는 법적 지위). 현재 이 지역은 티베트와 함께 중국의 화약고로 불린다. 티베트보다 더 아슬아슬한 건 이들의 종교가 이슬람이라는 사실이다. 중국은 특유의 한인 이주 정책으로 이 지역의 한족 비율을 늘려가고 있다. 1949년 6.7%에 불과했던 한족의 비율은 2020년 현재 50%를 넘어섰고 계속 증가추세다(중국은 자국민을 이주시켜 타국의 영토를 점령하는 독특한 방식을 취하는데 차이나타운은 그 대표적인 사례다). 신장 위구르에 대한 이야기는 책 마지막에 다시 나온다.

8.
오대십국 시대와 송나라의 개국

황소 반란 당시 진압군이었던 이극용을 누르고 정권을 장악한 황소군^軍 출신 주전충이 세운 나라가 후량이다. 주전충은 당의 고관과 환관을 모조리 죽이고 당나라 귀족 사회의 맥을 끊는다. 후계자 문제로 61세의 주전충이 아들에게 살해당하고 그 뒤를 이어 정권을 장악한 게 튀르크계 유목민으로 이들은 후당을 세운다. 후당의 내분도 극성맞았다. 거란족의 지원을 받은 튀르크계 절도사가 후당을 무너뜨리고 개봉(카이펑)을 수도로 하는 후진을 세운 것이다. 다음 라운드에서는 거란이 직접 선수로 뛴다. 간단하게 후진을 깬 거란은 국호를 중국식인 '요^遼'로 정하고 자리를 잡아보려 했지만 생각만큼 여의찮아 얼마 후 몽골고원으로 철수한다. 다시 개봉을 차지한 건 튀르크계 군벌이었다. 점령 기간은 4년. 튀르크계 군벌을 무찌른 부하 절도사가 또 나라를 세우니 이게 후주가 된다. 이렇게 바쁘게 돌아가는 동안 걸린 시간은 다 더해서 불과 53년이다.

후량^{後梁}, 후당^{後唐}, 후진^{後晉}, 후한^{後漢}, 후주^{後周}는 모두 후대에 붙인 이름이고 모두 한 글자 국가다. 스타트를 끊은 양^梁을 제외하면 그 이전의 통

일 정통 왕조의 이름이 시대를 역순으로 거슬러 올라가고 있는데(당 →
진 → 한 → 주) 일부러 의도한 것인지는 알 수 없으나 우연이라면 지나치
게 재미있다. 또 하나 유념해서 봐야 할 것은 분열 시기가 점점 짧아지
고 있다는 사실이다. 같은 혼란기이지만 춘추전국시대(기원전 770년~기원
전 221년)나 위진남북조시대(220년~589년)보다 훨씬 짧다. 즉, 통일왕조가
보편적인 관념으로 중국인들에게 자리를 잡았다는 얘기다. 분열 기간
의 단축 경향은 1912년 청나라 멸망에 이은 국민당의 공산당의 혈투 끝
에 이은 1949년 중화인민공화국 수립으로 기록을 갱신한다(37년). 왕조
가 바뀌는 동안 갈려 나간 것은 황실뿐이었고 신하와 관료층은 별다른
변화 없이 그대로 유지되었다. 이 시기의 대표적인 재상인 풍도는 자신
이 다섯 왕조, 여덟 성씨, 열한 명의 군주를 모셨다고 회상했다. 5후後 시
기 중국의 중심이 이동한다. 진나라 때부터 수도 역할을 하던 중심지 관
중의 시대가 저물고 후량 주전충의 봉지였던 개봉開封(카이펑)으로 수도
가 옮겨간 것이다. 오랜 기간 농사를 지어 토질이 악화된 끝에 관중 평야
의 생산력이 떨어지면서 수도에 요구되는 막대한 식량을 조달할 수 없
게 된 것이 가장 큰 이유였다.

후주後周의 3대 황제로 일곱 살 시종훈이 즉위하자 다시 군부 쿠데타
가 발생했고 이들이 송을 창건한다. 창업자의 이름은 조광윤이다. 군부
에서 신망이 높은 장군으로 유명했는데 전설에 의하면 조광윤은 권좌
에 뜻이 없었고 술에 취한 조광윤을 그의 동생과 병사들이 황제 옷을 입
힌 뒤 억지로 황제 자리에 올렸다고 한다. 위조의 혐의가 역력한 당시 상
황은 이렇다. 960년 정월 북방 수비대가 거란이 침공한다는 급보를 날

렸고 이에 금군 대장이었던 조광윤이 출동한다(금군禁軍은 왕궁을 수비하고 왕을 호위하는 왕 직속 군대). 조광윤은 개봉 동북쪽에 위치한 진교역陳橋驛에서 야영을 했는데 원래 조광윤은 술자리만 했다하면 끝을 보는 스타일이라 그날 밤도 동생인 조광의와 부하들이 권하는 술을 마시고 대취했다. 취한 조광윤에게 억지로 황포를 입힌 조광의와 부하들은 조광윤을 황제로 모시기로 결정했다며 자기들의 마음을 받아주지 않으면 반란을 일으키겠다고 협박하는 등 조광윤을 몰아붙인다. 난감해 하던 조광윤은 후주 황실과 관료들의 무사無事와 자신에게 절대 복종할 것을 약속 받고서야 이들의 요청을 수락한다. 전 왕조를 뭉개고 새로 권좌에 오르는 세력이 역사 화장을 하는 것까지 뭐라 할 생각은 없다. 그러나 칭송도 정도껏 해야 한다. 일단 거란의 공격으로 조광윤이 출동했다는 것은 오로지 송나라 기록이다. 당시 거란은 내분으로 혼란 상태라 대규모 군사행동을 취할 여건이 전혀 아니었다. 실제 거란의 기록에도 자국 내에서 일어난 반란을 진압하느라 바빴다고 되어 있다. 애초부터 조광윤은 반란을 계획했으며 거란의 공격이라는 거짓 정보를 흘려 자연스럽게 군을 이동했다는 얘기다. 그런데도 이 전설 같은 이야기가 계속 전해지는 이유는 조광윤이 정말 그랬을까 싶을 정도로 조심스럽게 권력을 만졌기 때문이다. 남북조 시대 이후 군이 쿠데타를 일으키면 정해진 절차처럼 민가 약탈, 방화, 인명 살상을 저질렀고 전 황족은 그 자리에서 바로 혹은 약간의 시간을 두고 살해했다. 그러나 조광윤은 개봉 입성 후 백성들에게 손도 대지 못하게 했으며 전임 황실에게도 친절했다. 자신에게 선양한 시종훈을 왕으로 봉했고 그가 20세의 나이로 세상을 뜨자 황제에 준하는 장례를 치러주었으니 그냥 겉치레 모양내기로 이들을 대한 것

같지는 않다. 후주 황실에 대한 예우는 대를 이어 이어졌다. 금나라에 밀려 송이 남쪽으로 쫓겨 갈 때도 송황실은 후주 황실 사람들을 챙겨서 데려갔고 송나라가 멸망할 때 후주 황실의 일가는 그들을 떠나지 않고 운명을 같이 하는 것으로 배려에 대한 의리를 보였다. 이건 좀 멋지다.

송 제국의 특징을 한 마디로 하자면 상문경무尙文輕武다. 문을 숭상하고 무를 억제함과 동시에 관료의 권한을 분산시켜 황제권을 강화하면서 제국을 재편했다. 무를 억제하기 위해 조광윤은 부하 장군들의 군권을 회수했고 군벌 세력이 자라날 가능성 자체를 봉쇄했다. 조광윤이 군권을 회수할 때의 일화는 유명하다. 그는 뜻을 같이 했던 창업 공신들이 건국 후 권력투쟁에 휘말려 목이 달아나는 것을 숱하게 들었고 목격했다. 그는 주연을 베풀고 그 자리에서 부하장군들에게 군권의 반납을 솔직하게 요청했다. 인생은 문틈으로 백마가 지나가는 것을 보는 것처럼 짧다며 입을 연 조광윤은 잠시의 부귀영화가 얼마나 하찮은가를 부하들에게 설득했다. 다음 날 술에서 깬 석수신 등 부하 장군들은 병을 핑계로 모두 군사에서 손을 떼고 군 지휘권을 모두 조광윤에게 넘겼다(일괄적으로 다들 몸이 안 좋다니 너무 표 난다). 군통수권을 완전히 장악한 조광윤는 중앙권력에는 반대로 분산을 추진했다. 군사는 추밀원에, 세무와 재정은 삼사에 맡겼다. 그러나 중요한 문제는 황제가 직접 처리할 수 있도록 구조적으로 정비를 해 놓았다. 군사 업무를 문관의 소관으로 한 뒤 그 문관은 중앙에서 임명하도록 한 것이다. 이전까지는 관원들의 파견은 지방 수장들의 권한이었다. 제대로 정신이 박힌 문관을 선발하기 위해 조광윤은 3년에 한 번씩 과거를 치렀고 이를 일회성이 아니라 정기적인 시스템으로 만들었다. 건국 후 민간 농지 조사 및 재분배는 세수 확보를 위한 필수작업이다. 그러나 조광윤은 조사는 시행했으나 새로 분배하지는 않았다. 그는 이상理想에 따라 급하게 일을 처리하면 결국은 부작용이 있다는 것을 알았다. 기존의 것을 고치고 손봐서 국가를 끌고 가려고 했던 조심성은 권력을 대하는 자세와 다르지 않았다. 그러나 관리의 부정과 부패에는 단호했으며 대신 관리들의 봉록을 올려 부패를 줄이려고 했다.

무의 억제는 군사력 약화로 이어진다. 그러다보니 송 제국이 북방 민족들의 공격에 취약해졌고 결국 문을 닫아야 했다는 것이 일반적으로 송의 몰락을 보는 견해다. 그러나 송의 인구는 1억 명이 넘었고 국가 상비군도 1백만 명 선을 유지했다. 반면 송을 위협하는 북방유목민족들의 군대는 대부분 10만을 넘지 않았다. 심지어 '정강의 변'이라는 최악의 상황을 당했을 때 변경을 포위한 금나라의 군사는 6만 명에 불과했다. 1백만 명이 6만 명을 해보지 못했다는 것은 다른 이유가 있다는 사실을 짐작하게 만든다. 그것은 관료주의였다. 중앙집권적 조치들은 어김없이 관료주의라는 괴물과 만나게 된다. 관료주의란 무엇인가. 한마디로 문제의 처방을 찾는 대신 핑계와 남 탓으로 모든 상황을 처리하는 것이다. 아랫사람에게 책임을 돌리자 관료들은 사실을 사실대로 보고하지 않았다. 가령 군사 정책을 담당한 관료라면 절대 자신의 관할 병력을 사실대로 말하지 않고 이를 줄여서 보고했다. 문제가 생겼을 때 자신에게 돌아올 책임을 줄이기 위해서다. 반대로 재정을 담당한 관료는 자신의 관할 구역에 병사가 많다고 보고하여 더 많은 군량미를 지급받으려 했다. 감시를 속이기 위해 열병식 때 민간인 젊은이들을 동원하여 그 부풀려진 숫자를 맞췄다. 이런 방식의 거짓 보고와 눈속임은 결국 인구와 물자를 효율적으로 동원할 수 없는 결과를 가져온다. 관료주의에 의한 병폐로 송이 무너져갔다고 보는 것을 오히려 올바른 시각이란 말씀이다. 그럼 중앙집권적 관료주의를 자제하면? 그러면 이번에는 지방에서 호족과 군벌세력들이 힘을 키운다. 이리가나 저리가나 망하기는 매한가지라는 얘기다. 그렇다고 답이 없는 것은 아니다. 송의 중국은 화폐경제와 상업이 왕성하던 시기였다. 그러나 시대적 한계는 그 시기를 따라잡지 못했다. 화폐 경제와 상업의 발달은 개인의 소유권과 밀접한 관련이 있다. 사적 소유는 민법의 기본이다. 독자들도 바로 느낌이 오실 것이다. 송나라와 민법이라니. 사적 소유권 개념은 이로부터 무려 1천 년이 지난 후에나 가능한 발상이었다. 송나라에 그것까지 기대하는 것은 무리였다.

송나라는 물질적으로 풍요하고 정신적으로 드높았지만 제국으로서의 실력은 한참 아래였다. 중원의 제국이 아니라 좀 야박하게 말해 지방 정권이었다. 질서를 세우는 입장이 아니라 질서의 대상이었다. 송나라 시기 질서의 선포는 처음에는 금나라였고 나중에는 몽골이었다. 송이 건국될 당시부터 국경선은 거란에 밀려 지금의 하북성 중부와 산서성 동북부였다. 거란의 요나라가 여진족 금나라에게 엎어지고 금나라가 몽골에게 눌리는 동안 송나라의 국경선은 계속해서 남쪽으로 내려왔다. 문화의 발전 수준을 가지고 당나라와 묶어 당송으로 칭하기도 하지만 실력으로는 동아시아 세계의 중심이었던 당나라와 뒤를 이은 송은 차원이 달랐다. 다만 과학 기술과 문화에서 그 시대가 허용하는 최대의 발전을 이루었고 이는 다음에 등장할 왕조의 기반에 큰 도움이 되었다는 사실만큼은 인정해줘야 한다. 본격적으로 송나라 역사로 들어가 보자.

송나라 창업기와 요나라 혼란이 겹치는 시기 송나라는 건국에 필요한 제반 환경을 구축할 수 있었다. 그리고 2대 황제 태종 때부터 2차에 걸친 북벌을 단행한다. 후당과 후진 시절에 요나라에 내준 연운 16주(베이징에서 타이위안 인근의 중국 동북부 지방)를 되찾기 위해서였다. 그러나 요나라 군대의 지연전과 보급로 차단 전술에 휘말려 원정군은 두 차례 모두 각개격파 당한다. 송나라는 위축되고 반대로 요나라의 기세가 살아난다. 999년부터 요나라는 세 차례의 공세로 송나라의 주요 방어 거점들을 무너뜨렸다. 마침내 1004년 요나라는 20만 대군을 동원하여 황하 북쪽까지 진격한다. 송의 3대 황제 진종은 방향을 잡지 못했고 조정은 둘로 의견이 갈린다. 주전파와 주화파가 아니었다. 수도를 남쪽으로 옮기자는 천도론과 강경파가 대치했다. 진종이 선택한 것은 의외로 강경 대응이었다. 같은 해 10월 진종은 친히 군사를 이끌고 북상해서 정면대결을 펼친다. 황제의 친정으로 인한 자신감 때문이었을까 첫 대결은 송나라의 승리였다. 그러나 송군은 퇴각하는 요의 군사들을 쫓지 않았다. 그 체력만큼은 아니었고 요나라 역시 비슷해서 대치 상황을 역전시키지 못했다. 결국 요나라가 먼저 강화를 제안한다. 우리의 위협을 충분히 느끼셨을 것이니 적당히 보상해주면 이쯤에서 전쟁을 멈추겠다는 제안이었다. 지루한 교섭 끝에 송과 요는 형제 관계를 맺고 송이 매년 20만 필의 비단과 10만 냥의 은을 요나라에 보낸다는 내용에 합의한다. 이른바

'전연의 맹약'이다. 불은 껐지만 송나라인들의 자존심에 금이 갔다. 그렇다고 반드시 그리 볼 것은 아니었다. 예전 왕조에서도 돈으로 평화를 산 기억이 있었고 매면 주기로 한 물품이라 봐야 송에게는 큰 부담이 아니었다. 아니 전쟁을 하면 그보다 몇 배, 몇십 배의 손해가 나는 상황이었으니 합리적인 판단이었다. 물론 이는 돈으로 평화를 사고 시간을 번 뒤 실력을 길러 치사한 시간을 연장하지 않겠다는 의지가 있었을 경우에만 의미가 있는 것이기는 하다. 송나라와 요나라의 갈등이 봉합되는 사이 또 다른 변수가 등장한다. 1038년 송나라 서북쪽에 있었던 티베트 계열의 탕구르족이 독립을 외치며 서하를 건국한 것이다. 왕위에 오른 이원호가 황제를 칭하면서 서하는 송의 자존심을 긁는다. 체면 문제다. 송은 전면적인 무력응징을 결정하고 1백 만의 병력을 서하 전선에 투입한다. 그러나 전황은 녹록치 않았다. 3년 여 전쟁에서 송은 주요 전투에서 모두 패했다. 1만 3천 명의 사상자를 낸 호수천 전투, 9천 명이 전사한 정천 전투는 특히 치명적이었다. 이후 3년간의 전쟁 끝에 화의가 맺어진다. 서하가 화의 제안에 응답한 것은 요나라가 송과 서하 중 어디에 붙을지 몰라 두려웠기 때문이다. 송나라는 매년 비단 13만 필, 은 5만 냥, 차 2만 근을 보내는 것으로 협상을 마친다. 요나라보다는 적었지만 어쨌든 자존심이 상하는 일로 1044년의 일이다.

창건 100년이 지나자 송나라 재정에 빨간색 경고등이 들어온다. 재정 지출 급증의 가장 큰 이유는 전쟁 비용이었다. 특히 서하와 벌인 전쟁의 여파는 심각했다. 송조정은 증세라는 가장 쉽고 나쁜 방법으로 위기를 돌파하려 든다. 이 무렵 등장한 인물이 왕안석이다. 지방관의 아들로

북송과 요나라 시대의 서하. 좌, 우 지도를 비교하면 요나라의 약진이 확연하다.

태어난 왕안석은 22세 때 4등이라는 성적으로 과거에 합격했고 지방관으로 봉직하면서 눈에 띄는 성과를 거둔다. 왕안석의 재능을 알아본 이는 1067년 즉위한 약관의 황제 신종이었다. 그는 왕안석을 부^副재상으로 파격 발탁하고 재정재건에 착수한다. 이에 발맞추어 왕안석은 물가와 물류를 통제하는 균수법과 영농자금을 저리로 융자해주는 청묘법을 시행하여 개혁의 물꼬를 튼다. 재상으로 승진한 왕안석은 실업 정책, 상인들을 위한 저리융자 정책, 치안정책 등을 연달아 제정하면서 개혁에 박차를 가한다. 구체적으로는 가난한 백성의 구제와 부국강병이 핵심이었다. 기득권 세력들은 이에 반발하고 왕안석의 개혁을 지지하는 신법당과 반대하는 구법당으로 정치세력이 둘로 갈린다. 1085년 신종이 사망하자 구법당이 정권을 차지하고 1년이 채 못 되어 왕안석의 정책들은 모조리 폐기된다. 왕안석 사망 1년 전의 일이다. 구법당의 리더인 사마광은 오늘날의 보수주의자들과 생각이 비슷했다. 백성의 빈부격

차를 게으름의 유무로 본 사마광은 나라가 게으른 자를 구제하는 것은 열심히 일하는 사람들의 근로의욕을 꺾는다는 신념 체계를 가지고 있었다.

8대 황제 휘종이 즉위한다. 그는 정치보다는 예술에 흥미가 많은 인물이었다. 특히 서화에 뛰어났고 아예 '수금체'라는 독자적인 서체를 만들어냈다. 황제의 예술 애호는 사치와 정치 경원으로 이어졌다. 당연히 농민봉기가 줄을 이었다. 우리가 잘 아는 '수호지'는 이 시기 농민 봉기를 배경으로 쓰인 소설로 송강을 우두머리로 하는 108명의 영웅호걸이 악질관료와 싸우고 사사로운 도적들을 해치워 백성들을 구한다는 내용이다. 이 봉기를 정규군은 잡지 못한다. 송강의 반란군이 연달아 정부 토벌군을 격파하자 황제는 그들에게 정규군 제안을 하고 영웅호걸들은 기꺼이 그 제안을 받아들인다. 이후 영웅호걸들의 행로는 고달프고 속상하다. 각종 반란 진압에 투입되어 전투 중 하나 둘 목숨을 잃었고 장난에서 일어난 반란세력을 토벌하는 과정에서는 영웅들 중 3분의 2가 전사한다. 희생과 공적에도 불구하고 송강에게 돌아온 것은 역적 모함이었다.

몽골고원에서부터 만리장성 이남의 연운 16주를 포괄하는 요는 송나라의 공물과 교역에서 얻는 이익으로 풍요 끝에 사치스러워진다. 남의 돈으로 편히 지내는 심보가 유행하면서 이번에는 동북지방(뚱베이 : 랴오닝遼宁, 지린, 헤이룽장의 3성 및 네이멍구 자치구의 동부를 포함한 지역)의 여진족에게까지 공물을 요구한 것이다. 그러나 아골타라는 인물이 1115년 여진족을 통일, 금이라는 국호의 나라를 세우면서 상황이 바뀐다. 요가 금나라에게 판판히 깨지자 송나라는 희망을 발견한다. 요나라가 허둥대는 사이 연운 16주를 되찾을 계획을 세운 것이다. 송나라는 금에 사절을 파견해 동맹을 맺는다. 함께 요나라를 공격하기로 했지만 정작 송나라는 내부의 농민봉기 때문에 제때 병력을 조달할 수 없었다. 그 사이 금은 요의 요지를 야금야금 차지했고 송나라는 그저 보고만 있어야 했다. 농민 봉기의 불길을 어느 정도 진정시키자 송나라는 연경으로 군을 파견한다. 그러나 실력은 의욕을 따라주지 않았다. 망해가는 나라 요에 연달아 패했고 금나라 군대에게 공물을 제공한 끝에 그들의 지원을 받아 가까스로 3분의 1이 조금 넘는 6주를 회복한다. 목적을 달성한 송나라는 슬슬 금나라에 주는 공물이 아까워지기 시작한다. 요의 잔당과 손을 잡고 이번에는 금을 치는 묘수를 생각해낸 것이다. 그러나 이 계획은 황제의 친서가 중간에 금나라 수중에 넘어가는 바람에 수포로 돌아가고 금나라의 분노만 키우는 불상사를 초래한다. 금군이 남하하자 휘종은 자신의 잘못을 반성하고 스스로 체벌하는 의미에서 황제 자리를 아들인 흠종에게 물려준다. 흠종은 아비의 잘못을 그대로 재현한다. 배상금을 지불하고 금나라 군대를 철수시키는 데는 성공했지만 또 돈이 아까워 약속을 지키지 않는다. 여기에는 도대체 근거를 찾을 수 없는 주전론, 북벌론도 한 몫을 한다. 결국 금나라 군대는 다시 남하했고 40일 만에 개봉을 함락한다. 휘종과 흠종은 몸을 피할 틈도 없이 포로로 잡히는 신세가 되고 금나라 군대는 두 명의 황제와 3천 명의 관료를 잡아 북방으로 철수한다. 이때가 흠종의 연호인 정강 2년 차인 관계로 이 일을 '정강의 변'이라고 한다. 금나라로 끌려가던 휘종은 추위를 이기지 못해

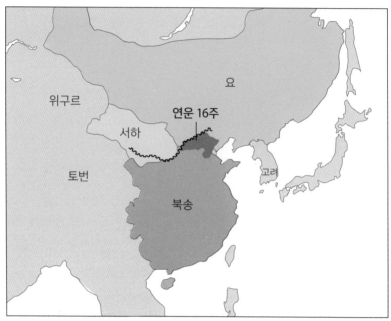

연운 16주의 위치. 아직 금이 본격적으로 등장하기 전의 지도다.

병사했고 얼마 후 흠종도 같은 길을 걸었다. 조광윤이 세웠고 휘종이 말

아먹은 이때의 송나라를 나중에 잔존 세력들이 남으로 내려가 세운 남

송과 구별하기 위해 북송이라고 부른다.

9.
남송 시대의 명明과 암暗

1127년 유일한 황족 생존자인 흠종의 조카 조구가 흥천부에서 고종으로 즉위하면서 남송을 세운다. 송나라부터 치면 10대 황제이자 남송의 초대 황제였다. 그러나 남송의 건국이야 알 바 없는 금나라 군대의 공격은 멈출 줄을 몰랐고 황제는 이곳저곳을 떠돌다가 5년이 지난 후인 1132년에야 겨우 항주에 임시 도읍을 정하고 정착한다. 북송 시대와 비교하면 인구도 영토도 반 토막 난 초라한 후계자였다. 이런 몰골의 남송이 바로 망하지 않고 150년이나 더 버틴 것은 탁월한 장군들이 연달아 나왔기 때문이다. 남송 초기 금의 침공을 저지한 장군 4인방은 악비, 한세충, 장준, 유광세인데 이 중 가장 유명한 인물이 악비다. 삼국지의 장비와 함께 양비兩飛로 불리는 악비는 중소지주 가문 출신으로 전투에서 후퇴를 모르는 맹장이었다. 그는 최말단 병사로 군생활을 시작했는데 그런 사람이 최고의 자리까지 오르는 일은 수천 년 중국 역사에서 극히 드문 일이다. 군사적 재능만으로는 이런 기적이 어렵다. 악비는 남다르게 성실했고 문무를 겸비했으며 소탈했다. 일반 병사들과 숙식을 같이 한 까닭에 사병들의 절대적인 지지를 받았다. 이 무렵 북송 패망 당시

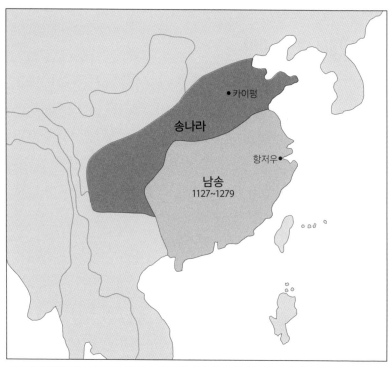

송의 강역 변화. 옅은 황색이 남송이다. 개봉(카이펑), 항주(항저우) 등의 위치를 알 수 있다.

금나라로 끌려갔던 진회라는 인물이 돌아온다. 진회의 귀국은 수상쩍었다. 금나라의 삼엄한 경비를 뚫고 탈출했다는 것부터 이상했으며 돌아온 뒤 초강경 주전론자가 얌전한 강화론자로 바뀌어 있었던 것이다. 어쨌든 진회는 북송 조정에서 승승장구하며 재상과 부재상을 오가는 영화를 누린다. 진회가 전성기를 구가하는 동안 악비는 각지의 반란을 진압하고 금과의 전투에서도 대승을 거두며 양양 일대를 되찾았다. 양양은 삼국지에 자주 등장하는 형주의 주도^{州都}로 중국의 척추에 해당하는 지역이다. 군인 악비의 약진은 정치인 진회를 불안하게 한다.

이 무렵 금나라 외교 정책에 변화가 생긴다. 1135년 금태종이 사망하고 그의 아들 희종이 등장하면서 남송정책이 화친으로 바뀐 것이다. 그는 화친의 증표로 화북지방을 돌려주겠다고 약속한다. 금의 태도 변화는 남송에서 주화론자들을 부활시켰다. 송고종이 대금 강경파들을 실각시키고 주화파들을 조정으로 불러들인 것이다. 남송과 금의 화친은 그러나 성사직전 희종의 죽음으로 물 건너간다. 희종의 정책에 불만을 품은 금나라 강경파들이 그를 살해한 것이다. 금나라의 남송 공격은 재개된다. 그러나 이때는 남송의 전력도 많이 회복된 상태여서 예전처럼 일방적으로 당하지는 않았다. 남송은 반격을 개시했고 옛 수도인 개봉 근처까지 진출한다. 이 승리의 주인공이 바로 악비. 개봉 점령 직전 남송 조정으로부터 황당한 명령이 떨어진다. 남송군의 철수 명령이었다. 고종과 진회는 금나라와 관계 개선을 하는데 지장을 주는 정도까지 사태가 발전하는 것을 우려했기 때문이다. 남송과의 전투에서 패한 금나라도 더 이상의 확전을 원하지 않았다. 금은 새로운 강화조건을 내걸었는데 화북 지방을 남송에 돌려준다는 조항은 빠진, 이전보다 덜 우호적인 조건이었다. 진회를 중심으로 한 주화파는 이것도 감지덕지했지만 악비 등 강경파들은 절대 받아들일 수 없다며 고개를 저었다. 한 번만 더 몰아붙이면 손에 들어올 땅인데 그냥 포기해버리는 것이라 강력하게 반발했고 이에 금나라는 악비의 좌천을 협상조건으로 내걸 정도였다. 진회와 그 일당들은 악비 세력을 무력화하기 위해 잔머리를 굴린다. 논공행상을 한답시고 악비 세력을 조정으로 불러들인 것이다. 이는 악비의 군권을 박탈함과 동시에 각 지방에 주둔한 악비 우호 세력들과의 연계를 끊으려는 의도였다. 1142년 진회는 모반혐의를 씌워 악비를 체포한다. 악비가 체포되자 그의 측근 4인방 중 하나인 한세충이 악비 편을 들고 나선다. 한세충이 모반의 증거를 묻자 진회는 분명한 증거는 없지만 모반의 정황은 존재한다는 사악한 답변을 내놓는다. 이게 그 유명한 세 글자 답변으로 "莫須有(아마 있을지도 모르오)"다. 그해 말 결국 악비는 처형된다. 그의 나이 마흔 살이었다. 악비가 죽기를 기다렸다는 듯 남송과 금은 강화조약을 체결한다. 악비가 살아있었더라면 분통을 터트리고 피를 뿜었을 내용의 조약이었다. 남송 황제가 금 황제에게 신하의 예를 취하고 금이 중국 남부에서의 남송의 지배를 인정하는 내용이었다. 공물 관련도 빠질리 없어서 해마다 남송은 은과 비단을 금나라에 바쳐야했다. 당시 연호를 따서 '소홍의 화의'라고 한다. 화의가 아니라 소홍의 치욕이라 해야 맞지 않을까 싶은데 이는 중국의 독특한 외교 수사이기도 하다. 중화사상에 찌든 중국인들은 실패나 패배도 용어를 바꾸어 자신들의 부끄러움을 희석시키거나 기어이 감춘다. 그렇다면 악비만 애국자고 진회는 철저한 매국노인가. 진회가 죽고 악비의 명예가 회복된 끝에 그의 묘비가 세워지자 진회는 악비 상(像) 앞에 쇠사슬에 묶인 모습으로 놓여졌다. 현재 항주(항저우)의 서호 남쪽 기슭에 둘의 동상이 있는데 악비의 사당을 참배한 사람들은 진회의 동상에 침을 뱉기도 한다. 어찌나 과격하게 뱉어 대는지 "교양 있는 관람을 위해 가래침을 뱉지 맙시다"라는 팻말까지 적혀 있다. 그러나 당시 힘의 역학관계를 보면 진회가 추구한 화평은 남송 생존의 유일한 길이었다. 지나간 역사에 대한 평가는 이래서 어렵다.

소홍의 화의 이후 중국에는 오랜만에 평화가 찾아온다. 남송이라 하지 않고 중국이라 한 것은 금나라 역시 중국 땅에 자리를 잡은 정권이고 그러니 남북국 시대라 볼 수도 있으며 그럴 경우 남송 대 금의 대결은 중국 내에서 벌어진 내전이기 때문이다. 강화조약 체결 이후 진회는 남송의 권력을 한손에 장악한다. 고종은 아예 국사를 진회에게 내주고 노는 일에만 전념한다. 남송의 태평성세는 1161년 금이 공격을 재개하면서 끝난다. 금의 황제 해릉이 중국 전역을 손에 넣고 싶어 했기 때문이다. 금의 공격은 그러나 무소득으로 끝나고 다시 강화조약이 체결된다. 공격을 막아낸 남송은 강화조약 조건을 좀 더 유리하게 가져갈 수 있었다. 금에 바치는 공물의 양이 줄었고 군신 관계 대신 숙질 관계라는 완화된 표현이 사용된다. 이런 어설픈 화평이 오래 갈 리 없다. 1206년 이번에는 남송이 금을 공격한다. 금의 내분을 틈탄 것인데 의지와 실력은 너무 달랐다. 남송은 처참하게 박살이 났고 다시 강화조약 체결장에 불려나온다. 공물의 양은 늘고 숙질 관계는 백질 관계(백부와 조카 관계)로 한 단계 상승 조정된다. 남송을 달달 볶던 금나라는 아이러니하게도 남송보다 먼저 망한다. 1234년 몽골제국의 무자비한 말발굽에 갈려나간 것이다. 금나라 건국 120년 만의 일이었다(직전인 1227년 서하 역시 칭기즈 칸에 의해 문을 닫았다). 금이 망할 때 남송은 몽골의 제의를 받아들여 금을 협공했다. 남송 역시 순망치한에서 금이 잇몸이라는 사실을 알았지만 어쩔 수 없는 선택이었다. 금이라는 완충지대가 사라지자 몽골은 본격적으로 남송을 쪼기 시작한다. 공물은 늘었고 계속 상향 조정된다. 여우 나간 자리에 호랑이가 들어온 셈이다. 금이 망한 뒤 40년 후 결국 남송 역시 같은 전철을 밟아 역사 속으로 사라진다.

　말한 대로 남송은 분명 지방 정권이었다. 그 어떤 한족 국가보다 좁았던 영토를 지배했지만 그러나 경제와 정치사상 그리고 과학기술에서의 발전은 높이 평가할만한 것이었다. 특히 양자강 삼각지의 개발은 저습지로 농경이 불가능했던 지역이 옥토로 바뀐 대역사로 당대 농업기술의 정점을 보여주는 사례다. 상업의 발달도 눈부셨다. 상인들에 대한 국가 권력의 상대적 통제 완화는 도시를 경제, 문화특구로 만들었으며 백성들에게 풍요를 선물했다. 과학기술에서는 나침반과 활판 인쇄, 화약이 발명되었다. 송대에 이룩한 물질문명은 중국을 넘어 세계적인 수준이었다. 그러나 남송 당시 최고의 발명품을 꼽으라면 개인적으로는 주희가 창시한 성리학이다. 우리와 관련해서 특히 그렇다.

서양 얘기 잠깐만 하자. 펠로폰네소스 전쟁은 고대 그리스에서 친親스파르타 세력과 친親아테네 세력이 기원전 431년부터 30여 년 공방을 펼친 전쟁이다. 이 전쟁은 바로 이전의 그리스-페르시아 전쟁과는 성격이 전혀 달랐다. 이민족과의 전쟁이 아니라 같은 언어를 쓰는 동족끼리의 전쟁이었다. 그리스의 폴리스들이 사이가 안 좋은 건 유명한 얘기다. 해서 티격태격 작은 충돌은 일상이었지만(해서 잠시라도 단체로 쉬자고 만든 게 올림픽)증오심에 불타 대규모로 서로를 죽인 것은 처음이었다. 특성상 내전은 상승적으로 잔인해진다. 펠로폰네소스 전쟁에서 이 잔인함은 도를 넘는다. 귀족정과 평민적이라는 정치 이념으로 갈라진 폴리스에서 아비가 아들이 죽이고 동생이 형을 반으로 갈랐다. 전대미문의 사태였다. 전쟁이 장기화되면서 기존의 가치는 모조리 무너졌다. 원래 그리스인들은 장례를 후하게 치른다. 장례를 대충 치르면 죽은 자의 혼령이 산 사람을 찾아와 되는 일이 없다고 믿었기 때문이다. 육체와 영혼을 분리하는 사고에 익숙지 않았던 사람들은 망자의 무덤을 만들며 흙이 무겁지 않기를 빌었다. 펠로폰네소스 전쟁 초기 스파르타의 목표는 '이기는 것'이었고 아테네의 목표는 '지지 않는 것'이었다. 나중에 로마가 베껴서 한니발과의 전쟁에서 써 먹는 아테네의 이 전술은 성벽 안에 틀어박혀 안 나오고 버티는 것이다. 그럼 식량 조달은? 성에서 피레우스 항구까지 길게 통로를 만들어 양쪽에 벽을 쌓은 뒤 수송했다. 준비를 마친 아테네는 모든 인구를 성안으로 피신시킨다. 처음에는 좋았다. 포도밭을 망치는 스파르타 병사들을 보고 격분한 아테네 젊은이들이 성 밖으로 뛰어나가려는 것만 붙잡고 있으면 끝. 그런데 슬슬 문제가 생긴다. 갑자기 인구가 밀집되다 보니 전염병이 돌았던 것이다. 장티푸스 아니면 페스트로 추정되는 이 역병으로 430년 여름부터 성 안 아테네 시민들이 하나둘 죽어나가기 시작한다. 피를 토하며 사람들이 죽어가는 가운데 시체는 방치되었고 다음 날 새로 죽은 시체가 그 위에 던져졌다. 그리스의 아름다운 장례 풍습은 완전히 사라졌다. 죽음이 이토록 대접을 받지 못한 것은 처음이었다.

427년 태어난 플라톤은 인생의 절반을 이 전쟁과 보낸 사람이다. 요새 말로 '펠로폰네소스 키즈'였던 그는 전쟁의 피비린내와 패전 이후 엉망이 된 아테네에서 귀족과 평민들이 유혈 낭자한 보복을 주고받는 광경을 목격했다. '모든 죽음의 모습'을 다 관람하신 플라톤은 이후 '인간 정신건강 회복 프로젝트'에 몰두한다. 그래서 도달한 것이 '좋음과 옳음 그리고 선함의 이데아'다. 플라톤은 참혹한 현실을 이데아라고 개념을 통해 돌파하려 했던 것이다. 한 문장으로 정리하자면 "사는 곳은 시궁창이지만 하늘을 보자" 뭐 이런 정도로 해석하면 되겠다. 전쟁이 낳은 철학, 그게 플라톤 철학의 기원이다.

비슷한 시기 아테네에서 8,400km 떨어진 중국에서도 유사한 상황이 펼쳐지고 있었다. 중국 춘추전국시대가 개막된 것이다. 같이 묶여있지만 춘추시대와 전국시대는 완전히 다르다. 춘추시대는 등수 결정전이다. 누가 더 센지 토너먼트처럼 붙어 서열을 정하는 것이 목적이다. 전국시대는 다르다. 이때는 영토 확보가 목표다. 빼앗는 것이다. 땅도, 사람의 목숨도 빼앗는 게임이다. 이 시기는 불행히도 철기시대 개막과 겹친다. 철기는 농업 생산력과 함께 인명 살상력을 동시에 끌어올렸다. 무기는 감상용이 아니다. 전국시대가 개막하자 제후들은 최선을 다해 전쟁에 돌입했다. 가뜩이나 인구도 많은 나라다. 매일매일 카운트가 불가능할 정도로 사람들이 죽어나갔다. 전쟁이 지나간 들판은 풀 반, 시체 반이었다. 사람이 사는 세상이 아니었다. 이때 등장한 인물이 공자다. 인간이란 무엇인가, 인간과 동물의 차이는 무엇인가, 인간은 어떻게 살아야 하는가를 고민하던 공자는 도덕적 인간을 주장하며 이렇게 부르짖었다. "인간의 본성은 하늘을 닮아 선하다. 어진 마음으로 땅의 성질인 기질을 극복하자" 난데없이 하늘이 등장했다. 너 뭐냐, 하늘. 간단하다. 공자가 주장한 하늘은 자연이 아니라 '개념'이었다. 이제 감이 오실 것이다. 플라톤의 이데아와 공자의 하늘은 동, 서양을 초월해 인간의 간절한 희구가 만들어 낸 구원의 각기 다른 상징이었던 것이다. 그런데 이게 성리학과 무슨 상관이냐고? 조금만 더 들어보시라. 공자의 고대 유학은 춘추전국시대의 피비린내를 극복하고 평화로운 시대를 열고자 하는 열망이 담긴 철학이었다. 기원전 221년 전국시대를 마감한 진과 뒤를 이은 한나라 시대를 통과하면서 이 열망은 어느 정도 현실이 된다. 그렇게 한동안 빛을 잃었던 이 고대 유학을 부활시킨 사람이 남송의 주희朱熹다. 극존칭 주자朱子라고 불리는 이 사람은 중세 성리학을 '창시'한 인물이다. 대체 왜 성리학이라는 게 그 시대에 다시 불려 나왔을까. 주희의 성리학 역시 두뇌 유희가 아닌 현실의 산물이었다. 북송은 요나라의 밥이었고 주희가 살던 남송은 금나라의 밥이었다. 요, 금이라는 북방 이민족에게 연달아 얻어 터지며 살았던 수치의 세월을 주희는 정통과 명분으로 극복하려 했다. 힘은 너희가 세지만 정신과 전통은 자기들이 우월하다는 주장이다. 한마디로 군사적으로 만신창이가 된 채 '정신승리'를 위해 주희가 고안한 게 성리학이었다는 말씀이다. 이 성리학은 고려 말에 한반도로 수입된다. 맞은 자끼리는 통하고 공유하는 구석이 있다. 통증의 추억이다. 남송에게 금이 있었다면 고려에는 몽골이 있었고 통증을 극복하기 위해 고려의 사대부들은 성리학을 받아들였던 것이다. 고려 성리학은 조선으로 이어지면서 더 높은 정신승리를 추구한다. 송시열은 조선왕조실록에만 이름이 3천 번 가까이 등장하는 인물이다. 퇴계 이황이나 율곡 이이도 차지하지 못했던 극존칭 자子를 차지한 이 사람이 조선 성리학의 진짜 신神이다. 송시열의 테마는 자기 성찰을 통한 고난의 극복이었다. 청나라에게 당한 굴욕을 극복하자며 북벌을 주장하는 효종에게 송시열은 이렇게 조언한다. 먼저 덕을 쌓으시라고. 삼전도의 치욕도 선을 행하고 덕을 쌓는 것으로 해결할 수 있다니 플라톤도 공자도 울고 갈 정신승리의 금자탑 아닌가. 중국 성리학이 빛을 잃고 이후 현실 속에서 어떻게든 답을 찾자는 양명학으로 바뀔 때도 조선 성리학은 꿋꿋하게 버티면서 나라를 말아먹는 모범을 제대로 보여준다. "어떻게 하면 병자년의 치욕을 씻을 수 있겠느냐" 고종이 물었을 때 국방비서관인 무관武官 신정희는 이렇게 대답했다. "성덕聖德을 닦으시옵소서." 이 무시무시한 정신승리의 기원이 바로 남송의 주희가 만든 성리학이었던 것이다.

거란, 여진 그리고 고구려

고대 한민족의 기원이 되는 것이 예맥족이다. 예족과 맥족을 나누어 따로 보기도 하고 예맥을 단일종족으로 보기도 하는데 예와 맥을 갈라 보는 견해에 의하면 예족은 요동과 요서에 걸쳐 있었고 맥족은 그 서쪽에 있다가 고조선 말기에 합류한 것이라고 한다. 반대로 예맥을 단일종족으로 보는 경우 이들이 그대로 고조선으로 발전한 것이 된다. 고조선 해체 후 이들은 다시 고구려와 마한, 부여 등 여러 나라로 갈라진다. 고구려의 근거지는 만주 동부 지역이며 5세기 초 요동 중심부를 장악했고 7세기에는 만주 전체를 지배했다. 중국인들이 고구려를 요동이라고 부르기도 하는 이유다. 요동이 고구려의 독점이었다면 요서는 탁발, 선비의 주요 무대로 이들은 북위, 동위, 서제 등의 나라를 세웠다. 선비는 중국이 꼽는 5호胡의 하나로 내몽골 자치구 동부 그리고 만주지역 분포했던 튀르크계와 몽골-퉁구스계의 통칭이다. 처음에는 흉노에 복속되어 있다가 흉노 멸망 후 자립하여 각지로 진출했다. 참고로 서양이 아는 중국은 고대에는 진나라(Chin)였으며 중세에는 선비였다. 타브가치(Tabgach)는 중국을 뜻하는 또 다른 영어 단어인데 선비족의 하나인 탁발부拓跋氏가 그 어원으로 선비족이 세운 수나라와 당나라를 선비족의 탁발부라는 뜻에서 타브가치라고 불렀다. 중세의 또 다른 대표가 거란(Cathay)이다. 거란인들이 스스로를 가리키던 명칭은 키탄(Khitan)이었지만 서양인들은 캐세이라고 불렀다. 귀에 익다. 그렇다. 우리에게 잘 알려진 홍콩의 항공사 이름이 캐세이퍼시픽이다. 회사의 창업자들은 중국(China)이라는 단어를 피해 무엇을 쓸까 고민하다 캐세이를 골랐고 미국까지 가는 항공 노선이라는 취지에서 캐세이 뒤에 퍼시픽(Pacific)을 붙였다. 이 회사의 한 때 중국어 사명社名은 거란태평양항공契丹太平洋航空이었다.

고구려의 멸망은 만주 지역에서의 신구 세력 교체를 의미했다. 예맥계가 퇴장한 만주지역에서 새로 급부상한 것은 동호계의 거란과 숙신계의 말갈이었다. 한반도 북부와 만주 그리고 연해주 일대를 호령한 발해는 고구려 유민과 말갈이 연합한 그러니까 예맥과 숙신이 결합한 왕조였다. 핵심 세력은 예맥이 아니라 숙신이었다. 고구려 때까지는 예맥계가 주도하고 발해 때부터는 숙신계가 주도하는, 지역 판도의 변화가 일어난 것이다. 거란이 발해를 해체시키면서 말갈족의 후신인 여진족은 둘로 나뉜다. 북쪽의 생여진과 남쪽의 숙여진이다. 구분의 기준은 농경생활의 유무였다. 요에 복속된 숙여진은 농경생활에 익숙해졌고 생여진은 요의 지배를 거부하고 1115년 금나라를 건국한다. 숙신계보다 먼저 두각을 나타낸 것이 동호계의 거란이다. 거란의 8부족을 통합한 것이 아율

아보기로 그는 916년 거란국을 세웠다. 야율아보기는 스스로 황제를 칭했으며 서쪽으로는 위구르 등 부족을 제압하고 동쪽으로는 발해를 멸망시켰다. 외몽골에서 만주까지 광대한 영토가 당시 거란의 강역이었다. 거란은 2대 황제 태종 때부터 본격적으로 중국을 건드리기 시작한다. 936년에는 후진의 건국을 도우면서 연운 16주를 확보했고 이때 명패를 요로 바꿔달았다. 연운 16주의 확보는 북방 유목민족 역사에서 기념비적인 사건이다. 이전까지 북방민족들의 영토는 만리장성 이북이었으나 이 일로 만리장성 이남을 최초로 지배하게 된다. 이때부터 농경지역에 대한 지배는 일상화되고 하나의 패턴이 된다. 요에 이어 금, 몽골, 청이 이 경로를 밟았으며 해서 이들을 정복왕조라고 부른다. 946년 요는 후진을 멸망시키고 993년에는 고려까지 손을 뻗힌다. 만주에서 일어난 세력은 항상 한반도 북부의 세력에 대해 민감하다. 그래서 거란은 발해를 해체했고 고려도 같은 운명으로 만들고 싶었던 것이다. 그러나 아시다시피 고려는 만만치 않았고 숱한 군사적 충돌에도 불구하고 결국 정벌 혹은 해체를 포기하게 된다. 요나라 성종 때는 송을 공격하여 '전연의 맹약'을 맺었고 송으로부터 공물을 받아 제정을 확보했으며 송과의 무역을 통해 국력을 키웠다. 송에게서 배우기도 많이 배웠다. 성종은 정치조직과 군사조직을 정비하고 법전을 만들었다. 성종까지가 중흥의 시절이었다. 이후에는 내분에 시달렸고 동만주에서 발흥한 여진족 금나라와 송의 협공을 받았으며 1125년 천조제가 사로잡히는 것으로 끝을 맺는다. 요나라 황족이었던 야율대석은 서쪽으로 피난해 중앙아시아 지역에 서요를 세우지만 이 또한 1218년 칭기즈 칸에게 멸망당하는 운명을 맞게 된다. 여진족 금나라의 종족적 계보는 길다. 숙신, 읍루, 물길로 불리다가 말갈이 되었고 여진을 거쳐 금나라가 되고 다시 만주족 청나라로 이어진다. 고구려 멸망 전까지 우리는 만주를 기반으로 북방민족들과 지역 패권을 다투는 지분이 있는 민족이었다. 그리고 조선이 건국되면서 그 호쾌한 역사는 종료된다.

마지막으로 고구려가 얼마나 막강한 군사 강국이었는지 알고 가자. 미천왕, 소수림왕, 광개토대왕, 장수왕은 고구려의 전성기를 구가했던 '대왕'들이다. 이들은 한민족이 전쟁의 신인 치우의 후예임을 증명한 사람들로 군사력의 핵심은 기병이었다. 우리 역사에서 유일하게 정복왕으로 불리는 광개토대왕은 개마대라는 기병 집단을 보유하고 있었다. 개마고원에서 활동했다고 개마대가 아니라 개마무사로 구성된 군대였다는 뜻으로 개마무사는 철갑으로 온 몸을 감싼 무사라는 의미. 기동성이 떨어진다고 생각하기 쉽지만 이들은 갑옷에 철을 덧댄 쇠비늘을 차용해서 중량을 최소화했고(고구려는 제철 선진국) 무사의 움직임을 방해하지 않는 인체공학적 설계로 활동성을 최대화했다. 여기에 말까지 철갑을 걸치면 말 그대로 중세의 전차 부대가 된다. 육중한 철갑 말과 함께 적진을 순식간에 뚫어 물리적으로 적의 진용을 무너뜨리는 것은 물론이고 엄청난 공포심을 유발해 적의 전투 의지를 심리적으로 분쇄하는 것이 이들의 역할이었다. 개마무사들은 직사, 곡사는 물론 파르티안 샷(상체를 돌려 등 뒤쪽을 쏘는 사법射法)도 능란하게 구사했는데 이는 몽골의 유목민족들을 압도하는 수준이었다. 광개토대왕의 기마대는 무려 5만 명에 달했다고 하며 이는 가히 세계 최강이었다. 만주를 잃으면서 기마대의 기동력과 파괴력은 불필요한 전력이 된다. 좁아터진 한반도에서는 기마대가 마음 놓고 회전會戰을 펼칠 공간이 없었기 때문이다. 이때부터 한반도 무력의 주력은 기병에서 보병으로 바뀌고 산악 지형에 유리한 수성전을 위해 궁병으로 전환된다. 다만 활 쏘는 전통은 그대로 이어져 여전히 동아시아에서는 활의 강국이었고 지금은 그 실력을 스포츠에서만 발휘하고 있을 뿐이다. 일제시대에는 기생들까지도 오락으로 활쏘기를 즐겼다고 한다. 일본인들 참 많이 싫었을 것이다.

10.
백 년 동안의 기적, 몽골 제국의 등장과 칭기즈 칸

금나라는 건국 후 불과 10년 만에 북송을 멸망시키고 중국의 화북지역을 장악한다. 한족의 전통적인 땅인 화북 혹은 중원 지역이 영원히 북방 이민족의 손으로 넘어간 것이다. 금의 화북 지역 장악은 연운 16주를 차지한 요의 성취하고는 차원이 다른 사건이었다. 한족의 역사와 북방 이민족의 역사가 합쳐지면서 이것이 통째로 중국사라는 이름으로 전개되기 때문이다. 화북 지역 장악 후 금나라의 중국화가 빠르게 진행된다. 이것은 대결하는 두 개의 문명이 문명 발달의 측면에서 한 쪽이 일반적으로 기울 때마다 동서고금을 통해 반복되는 패턴으로 로마를 제압한 북방 야만족들이 로마화되는 경로와 동일하다. 반달리즘이라는 단어의 기원이 된, 야만의 대명사 반달족이 로마의 강역이었던 아프리카 북부에 자리를 잡으면서 순식간에 로마인처럼 거실을 꾸미고 토가를 입고 살았던 것은 유명한 이야기다. 그렇다면 대체 중원 혹은 화북에는 무엇이 있었기에 북방 이민족들을 그렇게 쉽게 빨아들였던 것일까. 비밀의 핵심은 한나라다. 중국 역사를 왕조로 보면 크게 주, 한, 당, 송, 원, 명, 청이다(단명한 진과 수는 뺐다). 이 중 주나라는 중국 역사가 신화에서 역사로 넘어오는 시기다. 이어지는 한나라는 중국 민족의 정체성이 확립되는 시기다. 이 한나라의 건국에서 멸망을 전후한 시기에 현재 중국에서 쓰이고 우리도 일상에서 자주 활용하며 세계인들도 대략은 알고 있는 고사성어, 사자성어, 학문, 역사, 철학의 대부분이 만들어졌다. 장기는 한나라 건국 직전 유방과 항우의 대결을 나무판 위에 구현한 것이다. 중국 고대 철학은 춘추전국시대 제자백가에서 한나라에 이르는 동안 대부분 완성된다. 역사와 소설로는 초한지와 삼국지가 대표적인 작품이다. 이 엄청난 지적 자산에 이민족 왕조들은 고개를 숙일 수밖에 없었다. 그래서 자연스럽게 중국화가 진행이 되는 것이다. 금나라의 중국화는 해릉왕 시기에 가속 페달을 밟는다(해릉왕은 폭군으로 낙인이 찍혀 묘호를 받지 못했다). 그는 중국문화에 흠뻑 빠져있었으며 국가제도를 중국식으로 개편한다. 해릉왕을 이은 세종은 반대로 여진족의 중국화를 막기 위해 노력한 인물이다. 여진 문자로 한족의 책들을 번역하고 여진족의 성씨를 한역漢譯하는 것을 금지하는가 하면 심지어 한족 복장의 착용을 금지하는 등 죽어라 민족의식을 일깨웠지만 좋은 것, 멋진 것을 보고 따라하지 않을 사람은 없다. 여진족들은 빠른 속도로 자신의 모습을 잃고 중국에 동화된다.

세종 시대 금이 전성기를 돌파할 무렵 몽골 초원에서는 새로운 세력이 몸을 일으키고 있었다. 초원이란 강수량이 적어 큰 나무는 자라기 힘들지만 풀이 우거진 넓은 평야를 말한다. 초원의 중앙은 풍부한 목초지이지만 가장자리로 갈수록 풀은 빈약해진다. 유목민들의 서열은 어디에서 사느냐와 일치한다. 초원 중앙에서부터 변두리의 순서다. 몽골족이 처음 초원에 등장했을 때 이들은 중앙이 아닌 가장자리에 겨우 발을 붙이고 있는 작은 부족에 불과했다. 이런 몽골족이 100년도 안 되는 사이에 세계에서 가장 넓은 제국을 건설한 것은 인류 역사상 가장 놀라운 일 중 하나다. 보통은 최대 영토를 가졌던 제국으로 영국을 꼽지만 몽골 제국의 경우 시베리아 쪽의 영토를 포함시킬 경우 영국보다 영토가 넓어진다. 군대가 많았느냐 하면 그것도 아니다. 겨우 10만 명이었다. 이것은 놀라운 일이 아니라 기적이다. 물론 오랫동안 존속했다는 측면에서 몽골을 영국에 비할 바가 아니다. 그러나 도대체 어떤 방식으로 순식간에 대제국을 건설했는지는 충분히 연구할 가치가 있다. 배울 게 있다는 얘기다. 몽골 제국하면 제일 떠오르는 게 창업자인 칭기즈 칸이다. 그 다음으로는 약탈, 학살, 잔인, 파괴, 폐허 같은 단어가 따라 나온다. 미리 말하지만 고대와 중세의 역사에서 잔인이라는 단어는 별로 특별할 게 없는 단어다. 당시 세계는 잔인할 기회를 가져본 민족과 그런 기회를 가지는 대신 남에게 그런 기회를 준 민족이 있었을 뿐이다.

몽골 초원이라는 말은 얼핏 낭만적이다. 그러나 전혀 아니다. 낭만은 커녕 매우 심각하게 척박하다. 그러나 이 척박이라는 단어만으로는 그들의 삶이 얼마나 고달프고 황량한 것인지 제대로 설명하지 못한다. 몽골어로 강Gan이라고 부르는 자연재해가 있다. 집중가뭄 현상의 하나로 초원에 이상기온이 생겼을 때 찾아온다. 강이 시작되면 초가을부터 초원의 풀이 마르기 시작한다. 이는 가축들이 기나긴 겨울을 나고 봄을 넘길 수 있는 영양분을 제대로 섭취하지 못한다는 것을 의미한다. 몽골인들에게 가축은 단순한 식량 차원의 생필품이 아니다. 수송 수단이자 전투의 필수품이고 구매 또는 물물교환의 주요한 수단인 동시에 가족과 같은 개념이다. 이 소중한 존재가 무한 위험에 처하지 않도록 몽골인들은 최선을 다한다. 일단 강에 대비해 저축을 한다. 돈이 아니라 풀 저축이다. 봄, 여름, 가을, 겨울의 사계절에 사용할 초지草地를 각각 나누어 관리하다가 강을 만나면 겨울과 봄의 초지를 일부 헐어서 사용하는 방식이다. 이렇게 강이 지나가고 일상의 삶이 회복되면 얼마나 좋을까. 강에 이어 이번에는 쪼드Dzud라고 하는 겨울 재해가 찾아온다. 쪼드는 여름과 가을의 가뭄에 이어 찾아오는 강추위다. 몽골인들에게 영하 10도만 되도 강추위 운운하는 우리의 모습은 사치다. 그들에게 강추위는 평균 영하 35도, 최악의 경우는 영하 50도를 말한다. 가뭄에 지친 대지에 눈이 내리고 바로 얼음이 된다. 여기서 마실 물을 확보하는 것은 절대 쉽지 않다. 굶주린 양들은 흙과 돌을 먹는다. 죽은 양의 배를 가르면 그 안에 자갈과 흙뿐이다. 가축이 굶으니 인간도 덩달아 굶는다. 끝없는 눈보라 속에서 살기 위해 이들은 움직여야 하고 그들에게 먹을 것을 허용하지 않는 자들과는 싸워서 이겨야 한다. 처음에는 이웃을 약탈한다. 그러나 이웃이라고 풍족하게 쌓아놓고 살 리가 없다. 결국 이들은 남쪽으로 내려온다.

만리장성은 이들은 막기 위해 만들어졌다. 깊게 생각하지 않아도 장성의 존재는 무엇인가를 빼앗으려는 자와 빼앗기지 않으려는 자의 존재를 전제로 한다. 빼앗기는 쪽은 억울하다. 그래서 빼앗으려는 것들을 악마로 만든다. 『한서漢書』에서는 '그들은 가을에 온다. 살찐 말과 강한 활과 함께'라고 적어놓았다. 사마천은 한 발 더 나간다. 사기 '흉노전'을 보면 혐오의 절정이다. '가축을 따라 옮겨 다니며 수초樹草를 따라 이동한다. 성곽에 머무는 법이 없으며 농사를 짓지 않는다. 문자가 없어 말辯로 약속하고 사냥을 하여 금수를 잡는 것으로 생업을 삼지만 급해지면 싸우고 공격하는 것을 익혀 침략하는 것이 그 천성이다. 이익이 있는 곳이라면 예의를 알지 못한다. 건장한 사람이 좋은 음식을 먹고 늙은 사람은 그 나머지를 먹는다. 젊고 튼튼한 것을 귀하게 여기고 늙고 쇠약한 것을 천하게 생각한다. 아버지가 죽으면 그 뒤에 남은 어머니를 부인으로 삼고 형제가 죽으면 그 부인을 자기 처로 삼는다.' 열등과 부도덕의 나열로 대부분 악의적 왜곡과 날조다. 문자는 없었다지만 이들은 시를 많이도 남겼다. 전해지는 한 수를 보자.

흩어진 돌에도, 나무에도/백조는 머물지 않네 머물지 않네/멀리 목지牧地에서 온 젊은이와/함께 하고 싶지만

당시唐詩 중 하나라 해도 믿을 만한 슬픔을 감내하고 승화시키는 담백한 시다. 그들은 언어를 선호하지 않은 것이 아니라 문자를 선호하지 않았을 뿐이다. 인문주의적 소양이 없었던 것이 아니라 그 소양을 전하는 방식이 달랐을 뿐이다. 어머니를 취하기는커녕 매우 높은 도덕률을 가지고 있었으며 자신들의 문화에 대해 긍지가 넘쳤다. 반대로 이들은 농경민으로 전락하는 것을 수치로 여겼다. 몽골의 심한 욕 중의 하나가 '네놈은 네 똥이 있는 데서 계속 뒹굴며 살아라'이다. 유목민의 눈에 비친 농민은 자신의 똥과 뒹굴며 살아가는 한심한 존재다. 가축들이 땅에서 자라는 풀을 뜯어 먹고 살듯이 농민들도 논밭에서 자라는 곡식을 먹고

살기 때문이다. ■ 그렇다면 이들의 가치는 무엇이었을까. 칭기즈 칸의 자식들인 몽골 왕자들은 이런 대화를 나눴다.

하루는 몽골의 왕자들이 둘러앉아 인생에서 가장 훌륭한 순간 혹은 가장 행복한 생활이 무엇인지에 대해 이야기를 나누었다. 칭기즈 칸의 큰아들 조치는 말했다. "내게 가장 큰 기쁨은 최상의 목지를 찾아내 가축을 치는 것, 머물기에 가장 좋은 장소를 찾아서 황장皇帳을 치는 것 그리고 모든 사람이 한곳에 모여 커다란 잔치를 벌이는 것, 이것이 최상의 것이다." 조치에 이어 막내아들인 툴로이가 말했다. "잘 조련된 준마를 타는 것, 뛰어난 매를 데리고 들판의 연못에서 새들을 사냥하는 것, 산과 계곡으로 가서 점이 박힌 새를 사냥하는 것, 이것이 인생에서 가장 행복한 시간이다."

이들의 가치는 농경민들의 가치와는 완전히 달랐다. 돈을 모으고 좋은 집을 짓고 재물을 쌓는 것에 이들은 관심이 없었다. 그러나 이들은 기록을 남기지 않았고 그 결과 자신들의 역사와 정체성을 빼앗겼다. 대신 기록을 남긴, 빼앗긴 자들은 피해의 기억을 부풀려 적었고 악질적으로 왜곡했다. 그들에게 흉노는 '시끄러운 종놈'이었다. 돌궐은 '날뛰는 놈들'이었다. 몽골은 '아둔한 옛것'이었다. 이 기억의 전통은 유구하며 우리는 그 진술을 저항 없이 대부분 수용한다. 유목민족의 전성시대는 화약의 발명, 총기의 등장과 함께 저물었고 유목민족에 대한 기록은 오래된 편견으로 남게 된다. 유목 민족에 대한 혐오가 이럴진대 그 우두머리에 대한 시각이 고울 리가 없다. 몽골제국의 창건자 칭기즈 칸은 오랜 시

간 동안 학살자, 신의 재앙, 문명의 파괴자 등등으로 불리며 악명을 떨쳤
다. 악명과 관련된 재미있는 에피소드가 있다.

1980년대 초반 한 국내 가수가 번안곡(외국 노래를 멜로디만 가져와 한국
어 가사를 붙인 것) 하나를 발표한다. 「징기스칸」이라는 제목이었고 원곡
은 같은 이름의 독일 혼성 그룹이 부른 노래였다. 노래는 선풍적인 인기
를 끌었다. 경쾌하고 신나는 곡이었고 노래중간 중간 들어가는 '후! 하!
후! 하!' 추임새는 강한 중독성이 있었다. 그러나 곧 금지곡으로 묶이고
만다. 가사 때문이었다.

> 그 언젠가 누군가가 들려주던 이야기
> 나라 위해 몸을 바친 아름다운 이야기
> 약한 자를 도우며 사랑했네.
> 슬픈 자는 용기를 주었다네.
> 내 맘 속의 영웅이었네.
> 징, 징, 징기스칸
> 하늘의 별처럼 모두가 사랑했네.
> 징, 징, 징기스칸
> 내 작은 가슴에 용기를 심어줬네.
> 겁이 많던 내게 와하하하
> 용기를 주었네 와하하하
> 내 맘 속에 영웅이었네.
> 꿈과 용기 간직하리라.

아시다시피 몽골은 고려시대 우리나라를 침공하여 민중의 삶을 초토화한 적이 있다. 그런 끔찍한 고통을 안겨준 인간을 아름답다느니, 영웅이라느니 심지어 그가 준 꿈과 용기를 간직하겠다니 했으니 매우 불쾌하며 국민 정서에 맞지 않는다는 이유였다. 창법이 저질이라는 등 별 이상한 이유로 금지곡을 만들어 냈던 시절보다는 좀 낫지만 오십보백보다. 그런데 정말 웃기는 건 이 가사가 원곡의 가사와는 완전히 다르다는 사실이다. 원곡 가사 일부를 보자.

그들은 바람과 경쟁하며 말을 달린다. 1,000명의 전사.
한 명이 앞장서 달리고 그 뒤를 모두가 무조건 따른다. 칭기스칸.
이들이 탄 말의 발굽은 모래를 박차고
이 발굽은 모든 나라에 근심과 공포를 가져다준다.
천둥이나 번개도 이들을 멈추게 하지 못한다.
칭, 칭, 칭기스칸 형제여, 싸워라.
형제여, 마셔라.
형제여 보드카를 가지러 가자.
왜냐하면 우리는 몽골인이니까.
(중간 생략)
그는 자신의 마음에 드는 여자는 누구든 천막으로 끌어들인다.
그를 사랑하지 않는 여자는 세상에 존재하지 않는다.
그는 하루 저녁에 아이를 일곱 명 낳는다.
그의 적들을 그는 조롱할 뿐이다.
아무도 그의 힘에 저항할 수 없으니까.

너무 많이 다르다. 하긴 마음에 드는 여자는 누구든 천막에 끌어들이고 하루 저녁에 일곱 명을 출산 한다는 등 옮길 수 있는 가사가 아니기는 하다. 그런데 이상한 구절이 하나 있다. '형제여 보드카를 가지러 가자, 왜냐하면 우리는 몽골인이니까' 하는 부분이다. 보드카는 소련 술이고 몽골인들은 말 젖으로 만든 마유주를 마신다. 노랫말 쓴 사람이 착각이라도 한 것일까. 아니다. 이유가 있다. 당시 독일은 소련과 관계가 별로였고 약간의 두려움과 공포심을 가지고 있었다. 그래서 오래 전 유럽을 강타한 사나운 침략자 몽골의 이미지와 소련의 이미지를 슬그머니 오버랩 시켰다. '몽골 = 침략자 = 소련' 뭐 이런 공식이 되겠다. 게다가 때마침 소련이 아프가니스탄을 침공하는 바람에 이런 이미지 조합 전략은 제대로 맞아떨어졌다. 그러니까 원곡은 칭기즈 칸에 대한 순도 높은 호의가 아니라 은근히 비판의 노래였던 것이다. 서구의 반反 몽골, 반反 칭기즈 칸 관념이 얼마나 뿌리 깊고 지저분한 뒤끝을 보여주는지 알 수 있는 대목이다. 한편으로 그 이야기는 몽골의 침공이 얼마나 충격이었는지에 대한 반증이기도 하다.

역사에 등장한 제국은 두 종류다. 페르시아제국이나 로마제국, 영국제국처럼 딱히 누가 만들었다기보다는 누대에 걸쳐 건설된 제국이다. 다른 하나는 특정 인물이 개인기로 건설한 제국이다. 나폴레옹이 만든 프랑스제국은 115만km²의 넓이였다. 히틀러가 건설한 제 3제국은 219만km²였다. 기원전에 이 둘이 정복했던 지역을 합친 것보다 더 넓은 지역을 정복했던 사나이가 있었으니 알렉산드로스 대왕이다. 이 셋을 더한 것보다 더 넓은 땅을 정복한 사람이 칭기즈 칸이다. 그가 발을 내딛은 땅은 무

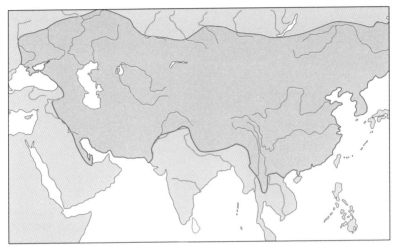

이런 영토를 보신 적이 있는가. 칭기즈 칸의 셋째 아들이자 몽골 제국 제2대 대칸인 오고타이가 사망하는 바람에 서쪽으로 진격하던 몽골군이 철수하지 않았더라면 남은 유럽도 없었을지 모른다. 물론 강역만으로 제국의 수준을 평가할 수는 없다. 그러나 몽골제국은 개방성이라는, 제국의 기본을 충실히 수행했던 제국이었다. 지도에는 한반도 전체가 포함되어 있다. 우리가 '원 간섭기'라고 애써 누그러뜨려 말하는 100년 가까운 기간인데 왕을 세우고 폐하며 황태자를 정했다는 측면에서 '간섭'이 아니라 '지배'였다.

려 777만km²에 달했다. 그러나 세계 최대의 제국을 건설했던 이 남자의 이름은 앞의 세 사람의 지명도에 비해 한없이 낮다. 게다가 나쁜 쪽으로의 명성이다(물론 히틀러보다는 낫지만). 몽골 제국은 히틀러처럼 3년짜리 단명한 제국이 아니다. 최소 100년에서 최대 360년 동안 이어졌다. 흔히 말하는 대원大元은 1271년부터 1368년까지 97년간 몽골 제국이 '중원'을 지배했던 제국을 한정해서 말한다. 그러나 4대 칸국으로 나뉘어 칭기즈 칸의 직계들이 통치한 시기를 포함하면 200년을 버틴 제국이었고 원나라가 청나라에 최종적으로 무릎을 꿇은 시기(북원 멸망 1635년)까지 치면 역사가 364년으로 늘어난다. 그런 제국의 역사가 희미해진 것이다.

서구는 칭기즈 칸과 몽골 제국을 기를 쓰고 역사에서 밀어냈고 중국도 이 작업에 가세했다. 역시 맞은 기억으로부터 자유롭지 못했던 중국인들은 몽골제국을 축소시켜 그 일부인, 화북과 강남을 지배했던 지역 정권 원나라만을 인정했고 창업자인 칭기즈 칸을 추방했다(중국 일부에서는 칭기즈 칸을 세계를 지배한 중화 몽골의 영웅이라고 주장하기도 한다).

몽골족이 초원에 처음 진입했을 당시 가장 큰 인구집단은 셋이었다. 동쪽의 타타르족과 거란족, 더 동쪽인 만주로 가면 퉁구스 계통인 여진족 그리고 서쪽으로는 튀르크 계통의 부족들이다. 유목민이라는 특징을 빼면 이들은 각 방면에서 아주 다채롭게 다르다. 일단 유럽이나 중동처럼 종교가 하나가 아니라 다종교로 여러 종교를 다양하게 믿었다. 불교를 믿는 종족도 있었다. 이슬람교를 믿는 종족도 있었다. 그리스도교를 믿는 종족도 있었다. 셋 다를 믿는 종족도 있었다. 종교는 유럽이나 중동처럼 이들에게 그렇게 중요한 문제가 아니었다. 게다가 이슬람이나 그리스도교는 유목민의 종교다. 몽골 초원의 종족들에게는 아주 익숙한 문화였을 것이다. 부족들 사이는 무정부 상태였다. 힘이 있으면 빼앗고 죽였고 없으면 빼앗기고 죽었다. 칭기즈 칸의 아버지인 예수게이도 부족들 사이의 갈등 속에서 독살 당했다. 칭기즈 칸이 태어날 무렵 몽골 고원에는 서른 개 정도의 유목부족이 있었고 전체 인구는 300만 명 내외였다. 이들은 더 좋은 초원을 차지하기 위해 쉬지 않고 피를 흘렸고 나중에는 다섯 개 정도의 주요한 세력으로 정리된다.

칭기즈 칸은 1160년경 몽골과 시베리아 지역의 접경인 오논강 유역에

몽골 초원이 통일되기 전 지형도. 맨 왼쪽으로 나이만, 중간에 케레이트, 북쪽에 메르키트, 오른쪽으로 타타르와 옹기라트가 보인다. 몽골족은 이 다섯 세력에게 포위되어 있는 형극이다. 우리는 북방 민족을 통틀어 그냥 몽골족이라고 부르지만 나이만, 타타르, 케레이트 등은 실제로는 몽골족이 아니라 몽골계 언어를 사용하는 유목민이다.

서 태어났다(현재 몽골에서 기념하는 칭기즈 칸의 탄신일은 1162년 11월 14일). 칭기즈 칸의 아버지 예수게이는 몽골족의 한 갈래인 보르지긴 오복 키야트 출신의 부족장이었다. 어머니 후엘룬은 메르키트족 전사의 아내로 예수게이가 납치해 온 여자다. 당시 초원에서는 여성 납치가 특별한 일이 아니었고 나중에 칭기즈 칸도 아내가 납치당하는 수모를 겪는다. 예수게이에게는 이미 첫 부인 사이에 난 벡테르라는 아들이 있었다. 예수게이는 새로 얻은 아들에게 테무친이라는 이름을 지어준다. 단단한 쇠라는 뜻이다. 테무친이 아홉 살 때 아버지 예수게이가 타타르족에 의해 살해당한다. 테무친을 옹기라트족의족장 딸 부르테와 정혼시키고 돌아오는 길이었다. 원래 유목민은 손님 접대에 진심을 다한다. 아무리 적대적인 인물이라도 일단 손님으로 방문한 사람에게는 절대 해를 입히지 않는 것이다. 예수게이도 이를 알고 있었기에 타타르족이 건네는 마주馬酒를 의심 없이 들이켰다가 변을 당했다. 당시 몽골의 풍습상 대단히 질이 낮은 행위였고 칭기즈 칸의 타타르족에 대한 원한은 몇 배로 깊어진다. 예수게이가 죽자 그의 부하들은 신속하게 부족에서 이탈한다. 가축까지 모조리 챙겨서 그들은 떠났고 예수게이의 두 아내와 열 살이 안 되는 어린 자식 일곱은 이때부터 고난의 세월을 보내게 된다. 버림받은 테무진 일가는 초원 북쪽의 가장 외지고 추운 곳에서 겨울을 난다. 겨울을 난다고는 했지만 한가하게 계절을 보낸 게 아니다. 테무진 일가는 영하 40도까지 내려가는 겨울을 극도로 적은 식량으로 버티면서 통과한다. 풀뿌리, 벌레, 쥐 같은 것이 이들의 식량이었다.

겨울을 보냈지만 고생이 끝난 게 아니었다. 아버지와 사이가 좋지 않던 타이치우트 씨족은 테무진을 사로잡아 노예로 부려먹는다. 가까스로 탈출에 성공한 테무진은 이때 자신을 도와준 자무카와 안다(의형제)를 맺는다. 귀족 출신인 자무카와는 나중에 테무진과 라이벌 관계가 된다. 테무친이 어렸을 때 가장 강했던 세력은 케레이트족과 나이만족 그리고 그보다는 좀 못 미치는 타타르족이었다. 그러나 유목민 사회에서 세력이 강력하다는 것은 큰 의미가 없다. 뛰어난 전사가 등장하면 한순간에 판을 뒤집고 막강한 세력으로 떠오르기도 하는 게 바로 유목민 사회다. 그리고 테무친이 바로 그런 존재였다. 테무친은 아버지가 죽자 냉정하게 자신을 버렸던 부족 사람들을 기억하고 있었다. 이 기억은 나중에 혈족보다 동료를 더 믿는, 당시에는 아주 특이한 사고방식으로 발전한다. 이런 테무친의 주변에 '누케르'가 몰려들기 시작한다. 누케르는 부하라는 뜻이기는 하지만 동료나 전우의 의미가 더 강한 말이다. 씨족 중심의 유목민 사회에서 누케르의 의미는 특별하다. 자기가 태어난 씨족에게 충성을 하는 게 아니라 충성할 대상을 스스로 선택하는 것이었으니 씨족 입장에서 보자면 반역자들이다. 당연히 누케르 중에는 출신 배경이 나쁜 사람들이 많았다. 이 집단은 나중에 칭기즈 칸의 친위대가 되었고 여기서 아시아와 유럽을 뒤흔든 장군들이 나왔다. 칭기즈 칸은 오래 전에 약혼했던 부르테와 결혼했고 장기적인 차원에서 자신의 세력을 키워나가기 위해 케레이트족의 대장인 칸 토그릴에게 충성을 맹세한다. 칸 토그릴은 아버지인 예수게이와 '안다' 관계였다. 테무친에게는 일종의 양아버지인 셈이다. 그 무렵 메르키트 부족이 후엘룬을 빼앗긴 것에 대한 뒤늦은 복수로 테무친의 아내 부르테를 납치한다. 테무친은 아내를 되찾기 위해 자무카를 끌어들여 메르키트를 공격해 아내를 되찾는다. 부르테를 찾아오는 길에 그녀는 길에서 아이를 낳는다. 날짜로 봐서 테무친의 아이가 아니었다. 그러나 테무친은 이 아이에게 조치라는 이름을 붙여주고 친아들처럼 대하고 사랑한다. 왜? 자기가 사랑하는 여자가 낳은 아이니까? 아니다. 테무친은 혈통보다 의리와 관계를 더 중시한 사람이다. 조치는 몽골 말로 손님 또는 방문객이라는 뜻이다. 사실 조치는 좀 억울하다. 부르테가 조치를 낳은 것은 칭기즈 칸이 그녀를 되찾아온 9개월 차였다. 열 달 다 못 채우고 나오는 아이는 별로 이상한 일이 아니다. 그러나 가축과 생활하는 유목민 사회에서는 동물의 임신과 출산에 해박하고 당연히 인간의 임신이나 출산에도 정통하다. 이들은 산달을 깐깐하게 따졌고 '스탠더드'에서 오차가 생기는 아이에 대해서는 매우 야박했다. 조그마한 의심이라도 있으면 계승권에서 일단 배제되었고 조치 역시 모호한 출생 시점 때문에 장자임에도 불구하고 후계자 다툼은커녕 자의 반 타의 반으로 변방인 남러시아 초원에서 쓸쓸하게 사망한다.

1202년부터 테무친은 타타르 정복 전쟁을 시작한다. 일단 그들은 아버지를 죽인 원수였다. 그리고 더 중요한 이유는 타타르가 여진족 금나라의 지원을 받고 있었다는 사실이다. 금나라는 몽골족이 강성해지는 것을 막기 위해 세력들 사이의 균형을 조절하고 있었다. 어느 한 부족이 강해질 것 같으면 다른 부족을 지원해 그 부족을 주저앉혔고 다른 부족이 강해지면 역시 반대파 부족의 편을 들어 초원에 강자가 출현하지 못하도록 통제했다. 그러니까 테무친은 자신이 최종적으로 싸워야 할 상대가 몽골 초원의 부족들이 아니라 금나라라는 더 큰 세력이라는 것을 알고 있었고 그들이 후원하는 타타르를 깨는 것이 금나라와의 싸움을 시작하는 첫걸음이라는 것을 이해하고 있었다. 하루가 다르게 기세가 오르는 테무친 세력에게 타타르족은 오래 버티지 못하고 무릎을 꿇었다. 테무친은 저항하는 타타르 전사들은 모두 죽였지만 부족민들은 살려주었다. 심지어 타타르족의 전쟁고아 하나를 데려다 자신의 어머니에게 키워달라고 했다. 형제로 삼은 것이다. 테무친 이전에 몽골 초원에 자비는 없었다. 이기면 다 죽이고 지면 다 죽는 게 당시의 전쟁 스타일이다. 그러나 테무친은 그런 방식으로는 결코 초원을 통일할 수 없다고 생각했다. 전쟁이 끝날 때마다 테무친의 형제들은 하나씩 늘었다. 그들은 더 이상 출신 부족의 구성원이 아니었다. 몽골 초원에 처음 등장한 '칭기즈 칸족'이었다. 쭉쭉 뻗어나가던 테무친에게도 시련이 닥친다. 양아버지인 칸 토그릴이 배신을 한 것이다. 테무친의 활약에 힘입어 그는 금나라로부터 왕이라는 호칭을 받아 옹 칸이라고 불리고 있었다. 옹은 왕을 의미한다. 테무친과 칸 토그릴은 친아버지와 친아들만큼이나 사이가 좋았다. 테무친이 부르테를 찾으러 갈 때 선뜻 군사를 내 준 것도 칸 토그릴이다. 그러나 테무친의 성장 속도가 너무 빨랐다. 젊은 세력의 가파른 성장은 나이 든 노인들의 마음을 불편하게 한다. 양자로 삼기는 했지만 칸 토그릴의 눈에 테무친은 자신의 부하 중 하나일 뿐이었다. 그런 테무친이 아들인 조치의 아내감으로 자신의 딸을 달라고 하자 칸 토그릴은 자존심이 상했다. 그러나 함부로 거절하기에 테무친의 세력은 너무 커버렸다. 무엇보다 테무친의 일이라면 묻지도 따지지도 않고 목숨을 거는 누케르들이 너무 많았다. 궁리 끝에 칸 토그릴은 혼담은 받아들이되 혼사를 치루는 중 테무친을 죽여 버릴 생각을 한다. 결혼식을 위해 칸 토그릴의 진영으로 향하던 테무친과 일행을 칸 토그릴의 병사들이 습격한다. 수적으로 도저히 상대할 규모가 아니었다. 테무친은 결사적으로 도망친다. 놓쳤다가는 더 큰 화근이 되어 돌아올 게 뻔하다. 칸 토그릴 역시 죽기 살기로 테무친을 뒤쫓는다. 필사의 추격전 끝에 테무친은 발주나 호수에서 한숨을 돌린다. 말이 호수지 온통 진흙탕인 그런 곳이다. 숫자를 세어보니 살아서 도망친 테무친의 무리는 모두 열아홉에 불과했다. 음식은커녕 물도 못 마시고 도망친 며칠이었다. 테무친은 호수의 흙탕물을 나누어 마시며 그 유명한 발주나 결의를 한다. 충성을 다하고 신의를 지키자는 맹세로 이 맹세는 그들에게 죽음이 찾아올 때까지 지켜진다. 재미있는 것은 이 열아홉 명의 구성이다. 열아홉 명의 씨족이 다

달랐다. 종교도 다 달랐다. 호수의 물을 마시고 결의를 한 뒤 이들은 각자 자신이 믿는 신을 향해 기도를 했다. 이슬람교를 믿는 누케르는 메카 방향으로 엎드렸다. 그리스도교를 믿는 누케르는 눈을 감고 기도문을 외웠다. 정말이지 몽골 역사상 가장 특별한 장면이었을 것이다. 테무친에게는 씨족도 종교도 중요하지 않았다. 오직 필요한 것은 우정과 신의와 충성 딱 셋뿐이었다. 테무친은 흩어진 추종자들을 모아 케레이트족을 공격했다. 칸 토그릴은 나이만족의 진영으로 도망쳤지만 얼마 후 나이만족까지 정벌한 테무친은 그곳에서 칸 토그릴을 죽인다.

발주나에서 돌아온 후 테무친의 군대 편성이 달라진다. 이전까지는 씨족 중심의 편성이었다. 이점은 분명히 있다. 같은 혈족끼리 모여 싸우면 서로를 지켜주는 전투에 더욱더 최선을 다하게 된다. 뻔히 아는 집안 사람들인지라 아주 급박한 위기가 아니면 도망치는 것도 자제하게 된다. 그게 씨족 중심의 군사 편성이다. 그런데 테무친은 그걸 싹 무시하고 완전히 새롭게 진영을 짰다. 테무친은 10명으로 이루어진 분대를 편성한 후 분대원들을 서로 형제처럼 여기게 했다. 물론 강제다. 그러나 이후 반복된 전투를 통해 이들은 진짜 형제 이상의 관계가 된다. 분대원 중한 사람이라도 사로잡히면 그를 남겨놓은 채 퇴각할 수 없었다. 다 죽거나 다 살거나, 그게 테무친이 강제로 주입시킨 형제였다. 이 10명의 분대를 아르반이라고 불렀다. 10개의 아르반이 모이면 자군이 된다. 자군이 10개면 밍간, 밍간 10개가 모이면 투멘이라고 불러 통솔을 용이하게 했다. 전투에서 패배한 부족들 중 자원하는 사람을 테무친은 자신의 군에 받아들였다. 일단 받아들인 후에는 그 어떤 차별도 없었다. 이런 전통은 몽골 초원은 물론이고 고대, 중세 전쟁사를 통 털어 봐도 드물고 희귀하다. 전투를 치를 때마다 테무친의 군대는 늘어났다. 스스로 찾아와 병사가 되기를 희망하는 사람도 적지 않았다. 이런 군대가 최강이 되지 않으면 그게 더 이상한 일이다. 1206년 테무친은 어릴 적 자신이 살던 오논 강 상류의 부르칸 칼둔 산에서 초원 전체의 대칸으로 추대된다. 이때부터 그는 칭기즈 칸으로 불리게 된다. 칭기즈 칸은 나라 이름을 새로 짓지 않았다. 전부터 쓰던 '몽골 울루스'라는 표현을 그대로 사용했는데 울루스라는 말은 국가 혹은 나라를 의미한다. 칭기즈 칸은 부족 간 납치를 금지시키고 종교의 자유를 선포했다.

칭기즈 칸이 최종적으로 목표로 한 것은 금나라였다. 금나라를 치기 전 칭기즈 칸은 간단한 예행연습을 한다. 나이만족과 메르키트족의 잔당들을 처리한 후 칭기즈 칸은 서하의 탕구트족과의 전투를 준비한다. 목적은 두 가지다. 금나라는 이제껏 상대했던 초원의 유목민들과는 다르다. 군사 체계가 다르다는 말이다. 익숙하지 않은 전투 시스템을 만나는 것은 전쟁에서 가장 나쁜 상황 중의 하나다. 중국식으로 조직된 상대와 맞붙어 봄으로써 칭기즈 칸은 유리하고 불리한 점을 따져볼 수 있었다. 필사적으로 이길 생각을 한 것은 아니지만 탕쿠트족과의 전쟁에서 승리한다면 얻을 것도 많았다. 북쪽으로 쳐들어가는 방법 말고도 서쪽 공격로가 열리게 된다. 서하는 예상보다 쉽게 열렸다. 칭기즈 칸이 얼마나 전투에 능한지 이미 소문으로 알고 있었기 때문인지도 모른다. 서하를 차지하면서 1211년 금나라에 대한 본격적인 공세가 펼쳐진다. 그러나 칭기즈 칸은 생전에는 금나라가 완전히 무너지는 것을 보지 못했다. 금나라의 중앙수도인 중도(지금의 베이징)를 1215년에 불태웠을 뿐이고 도성을 개봉(카이펑)으로 옮긴 금나라가 멸망한 건 1234년의 일이다. 칭기즈 칸이 금나라를 공격하면서 사용한 전법은 지금도 전해지는 전설적인 이야기다. 몽골은 주력이 기마부대로 초원에서는 무적이지만 성을 깨는 공성전에는 별로 재주가 없었다. 그래서 칭기즈 칸은 전혀 새로운 방식의 공격법을 생각해냈다. 그것은 아주 기발하고 다소 엽기적인 방법이었다. 칭기즈 칸은 포위하고 있는 성으로부터 고양이 1천 마리를 주면 군대를 물리겠다고 약속한다. 그 뒤 칭기즈 칸은 성에서 보낸 고양이의 꼬리에 천을 묶어 불을 붙인 뒤 풀어준다. 고양이들은 자기가 살던 성으로 달려갔고 얼마 후 성은 활활활. 약속을 안 지키긴 했지만 정말 남다른 상상력이 아닐 수 없다.

계속해서 영토를 넓혀가던 칭기즈 칸은 서쪽에서 호라즘 왕국과 만나게 된다. 호라즘은 셀주크튀르크 왕조의 장군이었던 쿠트브 웃딘 무함마드가 1077년에 세운 나라로 지금의 아프가니스탄에서 흑해에 이르는 지역을 차지한, 왕국이라기보다는 제국에 가까운 나라다. 이들은 사마르칸트를 중심으로 한 동서무역으로 막대한 부를 챙겼는데 칭기즈 칸은 교역 조건을 협상하기 위해 사신을 파견한다. 무함마드는 흔쾌히 칭기즈 칸의 교역 안을 받아들였고 칭기즈 칸은 물자와 상인들을 호라즘으로 보낸다. 그러나 호라즘 북서쪽을 지배하고 있던 총독이 이 상인들을 죽이고 물자를 약탈했다. 분노한 칭기즈 칸은 무함마드에게 총독을 처벌할 것을 요청했지만 무함마드는 편지를 들고 간 사신들을 죽여 버린다. 별로 좋은 선택이 아니었다. 1219년 군사를 이끌고 떠난 칭기즈 칸은 호라즘의 주요 도시들을 모조리 불태운다. 몽골군에 쫓기던 무함마드는 카스피 해의 작은 섬에서 잡혀 죽는다. 칭기즈 칸의 군대는 호라즘을 박살내고 중앙아시아 대부분을 점령한 뒤 1222년 지금의 파키스탄 근처에서 군사를 마무리한다. 본거지로 돌아온 칭기즈 칸은 서하에 대한 재공격을 개시한다. 호라즘 원정 때 병력파견을 약속해 놓고 이들은 군사를 보내지 않았다. 나중에 다시 나오지만 전쟁에 나갈 때 몽골군의 특징은 몽골군 반, 외부의 지원 병력 반으로 구성된다. 그러니까 호라즘 전쟁은 예정보다 절반밖에 되지 않는 병력으로 치른 셈이다. 탕구트 원정을 위해 고비사막을 건너던 1226년 겨울 칭기즈 칸은 갑자기 돌진해 온 야생마들에게 부딪혀 말에서 떨어진다. 적은 나이가 아니었다. 큰부상을 입은 채 그는 계속 전쟁을 지휘했고 마지막 승리를 얼마 앞둔 1227년 8월 눈을 감는다. 칭기즈 칸에 대한 평가는 극단으로 갈린다. 누구는 개방적인 시스템으로 제국을 건설한 사람이라고 칭찬하는가 하면 또 누구는 세계 대부분의 지역에서 인구를 감소시킨 사나이라고도 부른다. 그러나 역사에 남아있는 영웅이나 위대한 인물 중 손이 깨끗한 사람은 별로 없다. 대부분 피로 물드는 것이 영웅들의 생애였다. 인류는 이제껏 그렇게 살아왔다. 역사는 시시비비를 따지고 정의를 논하기 위해 하는 공부가 아니다. 역사는 인류가 어떻게 여기까지 왔는지 그 힘들었던 여정을 살펴보고 감사하고 겸손하기 위해 공부하는 것이다. 칭기즈 칸은 죽었지만 그가 토대를 놓은 몽골제국은 아직 할 일이 많이 남아있었다. 그 중의 하나가 유럽 침공이다.

 칭기즈 칸은 죽기 전에 이미 영토를 아들들에게 나눠 준 상태였다. 몽골의 재산 분배 방식을 보통 '말자末子상속'이라고 부른다. 막내에게 다

준다는 뜻이 아니다. 몽골어로 막내아들은 '옷치킨'이라고 불렸는데 '집의 불과 화로를 지키는 자식'이라는 뜻이다. 형제들이 전쟁에서 죽는 일이 많다보니 가장 중요한 거점만큼은 막내에게 주어 지키도록 한 것이다. 특별히 많이 갖는 것도 아니다. 형제들이 가지고 간 이외의 유산과 땅을 상속받는 것이 말자상속이다. 한편 장자에게 본진에서 가장 멀리 떨어진 목초지를 물려주는 것은 유목민족의 전통이다. 이 원칙에 따라 카스피 북쪽 킵차크 지역은 맏아들 주치에게 돌아갔다. 주치는 칭기즈 칸보다 6개월 먼저 죽었고 땅은 주치의 아들인 바투가 물려받는다. 서요가 있던 중앙아시아 지역은 둘째 아들인 차가타이에게 주었다. 나이만의 영토는 셋째 오고타이의 몫이었다. 막내아들인 툴루이는 몽골 본토를 받았다. 칭기즈 칸의 뒤를 이은 건 셋째인 오고타이였다. 후계자 역시 생전에 칭기즈 칸이 정해놓은 바였다. 오고타이는 즉위하면서 '카안'이라는 칭호를 처음 선보였다. 이전까지 유목 사회의 군주를 부르는 방식은 두 가지로 본명 뒤에 '칸'을 붙이는 방식과 본명 자체를 바꾸고 칸을 붙이는 방식이 있었다(가령 칭기즈 칸은 테무친이라는 이름을 바꾸고 그 뒤에 칸을 붙인 경우다). 카안은 새로운 호칭이었고 이는 오고타이가 자신을 다른 칸들과 차별화하고 싶었기 때문이다. 카안은 여러 명의 칸들 가운데 최고를 뜻하는 칭호가 되었다. 유목과 농경 양쪽을 다 다스리는 세계 제국의 1인자라는 의미였다(칸이든 카안이든 그거야 자기들에게나 중요한 거고 보통은 칸으로 통일해서 쓴다. 굳이 강조하려면 대ᄉ칸으로 쓰면 된다).

아버지의 이름값이 워낙 무겁다보니 역사책에는 비중 있게 등장하지 않지만 이 셋째가 또 걸물이다. 둘째인 차가타이는 원칙적인 인물이었고 툭하면 오고타이에게 몽골족의 관습을 엄격하게 지킬 것을 강요했다. 오고타이는 술을 많이 마시는 것이 문제였는데 그는 형이 자신이 매일 마시는 술잔의 수를 제한하는 것에 순순히 동의했고 음주감독관을 두는 것도 받아들였다. 대신 오고타이는 엄청나게 큰 술잔을 이용해 한꺼번에 많은 술을 마시는 것으로 형의 압력을 교묘하게 피해갔다. 오고타이는 나이만족이 지배했던 몽골 지역 중앙 오르콘 강 유역에 몽골제국의 수도 카라코룸을 세운다. 카라코룸에는 유목민족과 어울리지 않게 성벽까지 있었는데 곡물수령과 상업의 관리 그리고 행정을 위해서는 어쩔 수 없는 일이었다. 오고타이가 재위 기간 이룩한 주요 업적은 러시아와 동유럽 침공, 킵차크 칸국의 수립 그리고 금나라 정벌이었다. 1230년 무렵부터 오고타이 칸은 금나라 전선에 집중했고 1234년 금나라를 멸망시킨다. 1235년 몽골제국의 수도인 카라코룸에서 열린 쿠릴타이(왕족과 장수들로 구성된 족장회의로 몽골에서 최고의 권위를 가진다)에서는 새로운 정복 전쟁의 방향이 논의된다. 먼저 남송이다. 일단 지리적으로 가깝고 물자가 풍부하다. 두 번째 후보는 인도였다. 역시 물자가 풍부하다는 소문이다. 세 번째는 서남아시아였다. 이미 이란을 정복한 바 있다. 좀 더 정복하는 것도 어렵지 않아 보였다. 마지막으로 후보에 오른 곳이 유럽이다. 가장 멀고 가장 낯설다. 후보에서 제외되려는 순간 칭기즈 칸의 명장이었던 수부타이가 손을 들었다. 그는 호라즘을 멸망시켰을 때 서진을 멈추지 않고 조지아 왕국과 러시아 공국 연합군을 격파하면서 크림 반도까지 진출한 경험이 있었다. 유럽에 대해 가장 많은 정보를 가지고 있던 수부타이는 강력하게 유럽 원정을 주장했다. 오고타이는 이 문제를 별로 어렵지 않게 풀었다. 둘 다 치면 되잖아. 그는 남송과 유럽 양쪽 모두로의 출병을 결정했다. 전쟁 이론으로 볼 때 그다지 현명한 결정이 아니었다. 두 전선 사이의 거리가 무려 8,000km에 달하는 것이다. 어느 한쪽이 위기에 처해도 바로 지원병이 달려갈 수 없는 거리다. 그러나 오고타이는 자신이 있었다. 아버지를 따라 나선 정복전쟁에서 그는 자신의 군대가 얼마나 막강한 군대인지를 알았고 패배라는 건 아예 떠올리지도 않았다. 그렇게 둘로 나뉜 병력이 1236년 동시에 카라코룸을 출발한다. 병력을 둘로 나누었다니까 몽골군이 대단히 많은 숫자였다고 생각하기 쉬운데 실은 정반대다. 몽골 출신의 정규 병력은 10만 명에 불과했고 나머지는 이민족에게서 비슷한 순자를 징발했다. 1235년 몽골은 남송과 한 판 붙으면서 이후 40여 년 이어질 전쟁의 문을 연다. 1236년 바투의 원정군이 동유럽에 나타났다. 1241년 헝가리와 폴란드 전역을 쓸어버린 몽골군은 오스트리아 빈까지 진출했으나 오고타이가 돌연 심장마비로 사망하자 철군한다. 칸의 사망 시 황족이 모두 모여 후계자를 선출하는 몽골의 전통 때문이다. 신성로마제국의 입장에서는 가슴을 쓸어내리는 순간이었다.

1241년 오고타이 사망 후 아들인 구육이 카안의 자리를 계승한다. 구육이 카안이 되는 것에 반대한 인물은 조치의 아들 바투였다. 러시아를 정복하는 동안 사사건건 부딪혔던 까닭이다. 1248년 구육이 사망하고 칭기즈 칸의 막내 툴루이의 장남인 몽케 카안이 즉위한다. 이때 툴루이 가문을 강력하게 지원했던 게 또 바투다. 보상으로 바투는 킵차크 칸국의 실질적인 자치권을 선물로 받는다. 몽케는 정복욕이 있는 인물이었다. 즉위 하자마자 자신의 동생인 훌라구를 페르시아에 파견했고 자신의 또 다른 동생인 쿠빌라이를 윽박질러 남송 전선에 뛰어든다. 당시 쿠빌라이는 몽골 조정의 핵심 세력이 아니었다. 지지기반이 북중국에 있다 보니 친중국적인 정책을 많이 폈고 그것이 보수적인 몽골 조정의 눈에 거슬렸기 때문이다. 한 번은 쿠빌라이의 가신들이 무더기로 처형된 적도 있었는데 그만한 힘이 없던 쿠빌라이는 그저 보고 있어야만 했다. 몽케는 사천 지방 일부를 점령했으나 전선은 소강상태였고 1259년 8월 쿠빌라이 지원군이 도착하기 전에 사망한다. 몽케의 사망으로 형제들이 다시 카라코룸에 모인다. 둘째인 쿠빌라이 셋째인 훌라구와 그리고 본토를 지키던 막내 아리크부케다. 그러나 아리크부케는 쿠빌라이가 카라코룸에 오기도 전에 쿠릴타이를 소집했고 몽골 귀족들의 전폭적인 지지 속에 카안에 올라 버린다. 아리크부케의 카안 즉위에 반대했던 훌라구는 쿠빌라이 쪽에 붙고 여기에 북중국의 중국인 장군들과 과거 금나라 출신의 여진족 장군들이 쿠빌라이를 지지하면서 제국은 두 세력으로 갈라진다. 1260년 쿠빌라이는 자신의 본거지인 내몽골로 돌아가 지역 쿠릴타이를 소집했고 카안을 자칭했다. 카안이 둘일 수는 없는 일이다. 결국 내전이 발생한다. 초반 밀리는 듯 했던 쿠빌라이는 아리크부케의 세력이 제대로 결집하지 못하면서 전세를 역전시킨다. 그리고 마침내 수도인 카라코룸의 물자를 차단하면서 1264년 최종 승리를 거둔다. 쿠빌라이는 아리크부케의 친위세력은 모두 처형했지만 아리크부케는 죽이지 않았다. 이후 쿠빌라이는 새로 전체 쿠릴타이를 열고 카안에 올랐지만 썩 말끔한 즉위는 아니었다. 어쨌거나 아리크부케는 전통의 카라코룸에서 즉위한 정통 카안이었기 때문이다. 이 일로 중앙아시아와 서아시아에 있던 칸국들은 사실상 독립을 선언한다. 1272년 쿠빌라이가 나라 이름

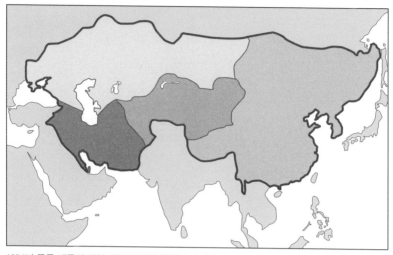

1294년 몽골 제국의 강역. 실크 로드를 완전히 장악하고 있다. 칭기즈 칸의 거대한 청사진을 구현한 지도이기도 하다.

을 원元으로 바꾸고 제국의 수도를 북중국으로 옮기면서 제국은 원, 차가타이 칸국, 킵차크 칸국, 일 칸국 등 4개의 칸국으로 쪼개진다(해서 쿠빌라이는 몽골 제국 5대 군주인 동시에 원나라 세조世祖가 된다). 그러나 완전한 결별은 아니었다. 칭기즈 칸의 일족이라는 나름의 유대는 있었고 관계도 나쁘지 않았다. 갈등이 더 이상 부풀어 오르지 않았던 것은 쿠빌라이의 통 큰 양보 때문이었다. 칭기즈 칸 당시 칸은 정복의 성과를 고루 분배했지만 새로 얻은 영토에 거주하는 정주민들에 대한 세금만큼은 독점했다. 다 가져갔다는 얘기는 아니고 대칸이 걷은 것을 나머지 울루스들에게 나누어주는 방식이었다(울루스는 몽골어로 수령의 지배를 받는 부락민, 백성이나 이들로 이루어진 부족, 국가 등을 뜻하는 용어. 대원 제국大元帝國이니 차가타이 칸국 등은 후대에 붙인 명칭이며 당대의 몽골인들은 이들을 각각 '카안

울루스, '차카타이 울루스' 등으로 불렀다). 그러나 시간이 흐르면서 각각의 울루스들은 불만을 가지기 시작했고 갈등의 바람이 분다. 쿠데타라는 정통성 결여 때문에 더 많은 지지 세력의 확보가 필요했던 쿠빌라이는 정주민 세금에 대한 권리를 과감하게 포기하고 이를 각 울루스들에게 나눠주었다. 재정까지 자치적으로 꾸리게 된 각각의 울루스들은 돈 문제로 얼굴을 붉힐 일이 사라지자 더 이상 과거 일을 끄집어내지 않았다.

몽골 제국에서 빼놓을 수 없는 것이 역참제도다. 애초부터 기동성 하나는 최고였던 몽골인들은 자신들의 삶의 방식을 교통 네트워크로 발전시켰다. 아무리 좋은 말이라도 수백km를 한 번에 주파할 수는 없다. 해서 중간 중간 촘촘하게 휴식을 취하거나 말을 갈아탈 수 있는 역참을 두었는데 몽골어로 '잠'이라고 부른다. 오늘날 중국에서 정거장이나 역을 뜻하는 '짠'이라는 단어도 여기서 유래한 것으로 제국이 해체된 뒤에도 그 기능은 그대로 살아남아 운용되었다. 역참제도를 제국의 교통망으로 확립한 사람은 오고타이였다. 그는 북중국과 카라코룸 사이에 30km마다 역참을 설치했고 이 역참을 통해 매일 식량과 음료를 실은 500대의 수레가 카라코룸으로 들어왔다. 이후 역참은 더 확대되어 유라시아 대륙 거의 대부분을 포괄했고 러시아 흑해에까지 이르렀으니 요새로 치면 초고속 물류, 통신망이었다(편지도 이 역참을 따라 주고받았다). 과거에도 이런 역참과 비슷한 네트워크는 존재했다. '제왕의 길'이라 불렸던 페르시아의 역참이 있었고 이집트의 맘루크 왕조도 3천km에 200여 개 가량의 역참을 설치한 적이 있었다. 그러나 몽골의 역참은 그 규모에서 차원이 다른데 6만km의 도로에 무려 1,400개나 되는 역참이 설치되어 있었다. 각 역참이 보유한 말은 5만 필, 노새는 6천 필이었으며 수레는 4천 량 정도였다. 역참을 관리하는 사람을 참호라고 했는데 이들은 사신이나 여행자들에게 갈아 탈 말과 음식과 숙소를 제공했다. 물론 사람의 지위에 따라 받을 수 있는 대접이 달랐는데 공무를 수행하는 사신의 경우 매일 백미 1되, 면 1근, 술 1되, 고기 1근 그리고 약간의 잡비와 용돈을 지급받았다. 그러나 역참은 어디까지나 황실의 정치와 재정을 위한 것이었고 일반인들이나 상인들에게까지 이용의 혜택이 돌아오지는 않았다.

제국은 개방성과 다양성과 통합을 핵심 가치로 한다. 이민족이 시스템 안으로 들어올 수 없도록 폐쇄되어 있거나 인종에 따른 차별이 있거나 분열, 분리를 정책으로 삼는 제국은 설사 세워졌다 해도 금세 문을 닫는 신세가 된다. 몽골 제국은 다민족 제국이었다. 몽골족 자체의 인구가 적었으니(칭기즈 칸 당시 기준 많이 잡아야 백만 명) 필연적일 수도 있는 문제였지만 이들은 그 사실을 불편하게 여기거나 불안하게 생각하지 않고 기꺼이 공생을 추구했다. 인종이든 언어든 상관없이 능력만 있으면 대접을 받았고 발탁되었다. 중국인, 한족은 당연히 공존의 대상이다. 눈알에 색이 있다하여 색목인으로 불리던 이들은 티베트, 위구르, 킵차크, 이란과 아랍 계통의 무슬림, 유럽인들로 역시 차별은 없었다(물론 100% 완벽한 동등은 아니었다. 중세 제국에 거기까지 바라면 안 된다). 1240년대 교황 인노켄티우스 4세의 명으로 몽골 지역을 방문한 조반니 카르피니와 기욤 드 뤼브릭이라는 수도사가 국경 근처에서 독일인 몽골 장교를 만나 기절할 뻔했던 일화는 유명하다. 이와 관련해 재미있는 것이 몽골의 본속주의本俗主義다. 각지의 고유한 풍속을 인정해주는 것인데 사건, 사고 발생 시 그 처리를 단일하고 동일한 법령이 아닌 몽골인은 몽골의 법규에 따라, 중국인은 중국의 법규에 따라 그리고 색목인은 각자 소속된 집단의 법규에 따라 처리하는 것을 말한다. 종류가 다른 집단에 속하는 사람들 사이에 문제가 발생할 경우에는 각 집단의 대표와 국가를 대표하는 관원이 한 자리에 모여 판결을 하였다.

원조元朝는 짧아 겨우 90년이다. 그다지 성공적인 국가 생애는 아니었다. 카안 교체시마다 벌어졌던 권력투쟁과 극심한 인플레는 왕조의 수명을 앞당긴 요인으로 꼽힌다. 원조는 농민과 사대부를 경시했다. 10개로 나누어진 한인 10대 계급 중 농민이 8위, 유학자가 9위였다. 10위가 걸인 즉 거지였으니 사실상 꼴등이었다. 전통적인 학문과 사상은 맥이 단절될 지경에까지 이르렀으며 생계가 간당간당해진 유학자들은 희곡 창작으로 밥벌이를 삼았다. 이 시기에 고려와 일본 원정이 있었다. 고려는 30년간 6차례의 침공을 당했고 일본은 2차례의 원정이 모두 태풍으로 불발됨으로서 피바다를 면했다. 마르코 폴로는 쿠빌라이가 지팡구의 황금을 노리고 원정을 떠났다고 기록해 사람들에게 지팡구(일본)의 존재를 알렸으며 '동방견문록'을 읽은 콜럼버스는 지팡구의 황금을 찾아 서쪽으로 떠났다가 아메리카 대륙에 이르는 항로를 개척했다. 도시의 안락한 생활로 인해 몽골인들의 기상은 허약해졌고 민중의 봉기를 진압할 힘을 상실한 몽골족은 1368년 다시 몽골 초원으로 돌아가야 했다.

마르코 폴로의 동방견문록

마르코 폴로는 베네치아의 유명한 상인 집안 출신이다. 아버지 니콜로 폴로와 삼촌 마페오 폴로는 상인으로 유명세를 떨쳤던 인물이고 1254년 동방의 새로운 시장을 개척하기 위해 베네치아를 떠났다. 그리고 얼마 안가 마르코 폴로가 태어난다. 동방으로 떠났던 아버지와 삼촌은 킵차크 칸국과 일 칸국 사이에 분쟁이 발생하는 바람에 베네치아로 돌아오지 못하고 계속 동쪽으로 갔고 결국 원 세조 쿠빌라이를 만난다. 둘은 쿠빌라이의 명으로 교황을 만나기 위해 지중해의 아크레로 돌아오지만 하필 교황 자리가 공석이어서 베네치아로 귀향한다. 1269년 열다섯이 된 마르코 폴로는 처음 아버지를 만난다. 베네치아에 2년 동안 머물렀던 아버지와 삼촌은 새로운 교황이 선출되지 않자 쿠빌라이에게 돌아가기로 하고 이때 마르코 폴로도 둘을 따라 나선다. 고비사막을 지난 일행은 쿠빌라이가 보낸 호위병들의 보호를 받았는데 쿠빌라이가 니콜로와 마페오를 얼마나 각별히 여겼는지 알 수 있는 대목이다. 총명했던 마르코 폴로는 중국 생활을 시작하지 얼마 되지 않아 금세 그곳의 언어를 익혔고 쿠빌라이의 총애를 받는다. 마르코 폴로는 종종 쿠빌라이의 사신 임무를 수행했는데 업무만 달랑 처리하고 돌아오는 게 아니라 방문한 곳의 새롭고 진기한 풍습과 문화 등을 눈여겨보았다가 쿠빌라이에게 들려줌으로서 그의 귀를 즐겁게 했다. 나중에 여행기를 남긴 인물이니만큼 그 방면에 대한 관심과 이해가 높았을 뿐만 아니라 입담도 좋았을 것이다.

1295년 마르코 폴로는 베네치아로 돌아온다. 25년 만의 귀국이었다. 마르코 폴로는 자신이 보고 온 세상에 대해 사람들에게 이야기해 주었지만 워낙에 내용이 황당해 그의 말을 믿는 사람은 아무도 없었다. 그 무렵 베네치아와 제노바 사이에 전쟁이 터지고 마르코 폴로는 포로로 잡혀 감옥에 갇히는 신세가 된다. 이곳에서는 그는 피사 출신의 작가 루스티켈로를 만나게 되는데 이때 루스티켈로에게 자신이 보고 들은 것을 글로 적게 하여 탄생한 것이 『세계 경이驚異의 서書』다. 이 책은 나중에 일본을 거치면서 『동방견문록』으로 이름을 바꿔달고 우리에게도 전해진다. 『동방견문록』의 내용과 진위에 관련해서는 논란이 많은데 이는 『동방견문록』을 여행기로 보는 바람에 발생하는 착오다. 그는 여행기를 쓴 것이 아니라 유럽을 제외한 세계에 대한 설명과 묘사를 한 것이며 그 중간 중간 자신의 체험과 견문을 끼워 넣었다. 당연히 다른 사람의 글도 인용이 되었을 것이고 눈으로 확인하지 못한 채 들은 내용을 그대로 옮기기도 했으니 사실과 다른 것도 들어간 것뿐이다. 원본은 남아있지 않다. 필사본과 140여 종이 전해지며 이탈리아에서는 그의 별명을 따서 『백만의 책』이라는 제목으로 나왔다. 중국에 대해 이야기하면서 마

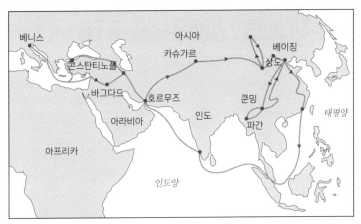

베니스
아시아
카슈가르
베이징
콘스탄티노플
상도
바그다드
호르무즈
쿤밍
태평양
아라비아
인도
아프리카
파간
인도양

(13세기 사람이 이 경로를 밟았다는 것 자체가 놀랍다. 행운의 절반 이상은 쿠빌라이가 베풀어 준 것이었다.)

르코 폴로는 크고 많은 것을 설명할 때마다 백만이라는 단위를 자주 사용했기 때문이라는데 그보다는 millionaire에 백만장자 외에도 허풍장이라는 뜻도 있으니 중의적인 표현이 아닌가 싶다. "나는 내가 본 것의 절반도 말하지 않았다."라는 그의 유언은 유명하다. 25년 동안 본 것을 겨우 한 권에 담았으니 충분히 타당한 유언이었다. 『동방견문록』이 유럽에 소개된 최초의 동방 기록은 아니다. 이미 1240년대에 교황의 명으로 원나라를 방문했던 카르피니는 『몽골인의 역사』를 썼고 뤼브릭은 『뤼브릭의 여행기』를 쓴 바 있다. 참고로 카르피니는 구육 카안을 만났고 뤼브룩은 몽케 카안을 만났다.

11.
오스만 제국과 메흐메트 2세의 콘스탄티노플 정복

탈라스 전투 이후 서튀르크족의 일부는 서쪽으로 계속 이동한다. 이들이 자리를 잡은 곳이 지금의 아시아 쪽 터키 땅 아나톨리아였고 나중에 중앙아시아, 중동 일부까지 영역을 넓혀가니 1037년 건국한 셀주크 튀르크 제국이다. 셀주크라는 명칭은 서튀르크의 한 부족인 오구즈족 장군의 이름에서 유래한 것이다. 셀주크튀르크는 9대 술탄인 아흐마드 산자르를 끝으로 157년 만에 명운을 다하고 이어 세워진 방계 왕국들이 하마단 셀주크, 케르만 셀주크, 시리아 셀주크, 룸 술탄국의 네 왕조다 (정확히 말하면 셀주크튀르크 종료 후 시작이 아니라 공존). 이중 룸 술탄국은 오늘날 터키가 소재한 아나톨리아 지역에서 1077년부터 1308년까지 존속했는데 셀주크 제국의 왕족이 세운 나라였기 때문에 룸 셀주크라고도 한다. 룸 셀주크는 동로마와 다투고 3차 십자군을 맞아 싸우는 등 호락호락한 나라가 아니었지만 13세기 중반 새로운 강자의 출현으로 휘청거린다. 몽골 제국이다. 1242년 칭기즈 칸의 손자인 바투는 룸 셀주크의 영내인 에르주룸을 점령하고 7만여 명의 주민을 학살한다. 1243년 6월 술탄 케이후스라브 2세는 8만에 달하는 병력을 쾨세다으 전투에 투입했지만 몽골군의 전술에 휘말려 대패하고 룸 셀주크는 몽골 제국의 속국으로 전락한다. 룸 셀주크를 시작으로 1258년에는 아바스 왕조가, 1260년에는 시리아의 맘루크 왕조가 몽골 제국의 말발굽에 짓밟힌다(은유법이 아니라 직유법). 그렇게 권력 공백 상태가 된 아나톨리아의 서쪽 변두리에서 세력을 키워 나간 게 오스만이다. 오스만 가지라는 이름의 부족장(베이)을 우두머리로 하는 이 집단은 셀주크튀르크의 수도인 콘야와 동로마제국의 콘스탄티노플의 중간 지대에 나라를 세우면서 룸 셀주크로부터의 독립을 선언한다. 1299년의 일이다.

오스만 제국을 영미권에서는 오토만이라고 부르고 우리는 오스만튀르크라고 한다. 그러나 개점 당시 이들에게는 특별한 민족적 정체성이 없었고 튀르크는 단지 아나톨리아 동부 지역에 거주하던 가난한 농민들이나 유목민을 가리킬 때 쓰던 말이었다. 그다지 좋은 뉘앙스는 아니었고 따라서 이들이 스스로를 튀르크를 자칭하는 경우는 거의 없었다. 한편 그리스와 발칸 반도의 기독교들에게 튀르크는 민족이나 혈통을 말하는 게 아니라 이교도인 이슬람교도를 의미하는 말이었다. 유럽인들은 오스만 제국 사람들을 전부 싸잡아 튀르크인이라 불렀고 정식 국호인 오스만 대신 튀르크 제국이란 단어를 자주 사용했다. 그래서 오스만튀르크라는 표현은 기존의 관습적인 호칭인 튀르크 앞에 국호인 오스만을 붙인 것으로 그다지 정확한 표현은 아니다. 튀르크가 민족 정체성을 뜻하게 된 것은 오스만 제국 말기 전 세계적으로 민족주의 물결이 요동치면서부터다. 수니파 이슬람을 믿고 터키어를 쓰는 아나톨리아 출신 사람들로 그들은 민족 정체성을 세워나갔고 터키공화국의 창건자 무스타파 케말 아타튀르크가 오스만 군주정을 폐하고 튀르크 민족국가를 표방한 터키 공화국을 출범시키면서 튀르크 민족이라는 개념은 완성된다. 이 책에서는 오스만 그리고 콘스탄티노플을 접수한 메흐메드 2세부터는 오스만 제국이라는 표현을 쓰는 것으로 한다.

오스만의 동쪽에는 세력이 짱짱한 10여 개 부족 국가가 있었다. 오스만은 이들과 충돌하는 대신 서쪽의 동로마 영토를 잠식해 들어가는 전략으로 영역을 넓혀갔다. 이교도에 대한 성전聖戰이라는 명분이 있었기에 다른 부족들도 오스만의 팽창에 그다지 예민한 반응을 보이지는 않았다. 조금씩 살이 떨어져 나가자 동로마도 짜증이 나기 시작한다. 1302년 양쪽 군대가 처음으로 전면전을 치른다. 오스만의 승리였다. 간이 커진 오스만은 동로마의 주요 도시인 부르사를 노린다. 생각처럼 쉽지 않았고 부르사 점령은 1326년 오스만 가지의 뒤를 이은 오르한 베이 시기에 이루어졌다. 콘스탄티노플에서 240km 떨어진 부르사의 함락은 동로마제국을 긴장하게 만든다. 부르사를 나라의 수도로 선포한 오르한 베이는 슬금슬금 인근지역 도시들을 접수하기 시작한다. 주변 튀르크 부족들의 시선이 곱지 않게 변한 게 이즈음이다. 오르한 베이의 다음 목표는 발칸 반도 남쪽을 정복하는 것이었다. 동로마의 내분은 오르한 베이의 계획을 더욱 쉽게 만들어 주었다. 1341년 6월 로마제국 제123대 황제이자 동로마제국 팔레올로고스 왕조 제4대 황제인 안드로니코스 3세가 사망한다. 뒤를 이은 것은 요안니스 5세로 당시 9살이었다. 이때 등장하는 인물이 요안니스 칸타쿠제노스라는 동로마 유력 가문의 수장이다. 그는 요안니스 5세의 섭정이 되었고 황제의 자리를 탐내지 않고 요안니스 5세가 성인이 될 때까지 보필할 것을 천명했다. 그러나 요안니스 5세의 모후 안나가 그의 진의를 의심하기 시작했고 이때부터 황제 가문과 거리가 멀어지기 시작한다. 1341년 9월 칸타쿠제노스가 펠로폰네소스의 십자군 공국들 원정을 나갔을 때 황제 세력은 그를 기어이 섭정의 자리에서 내쫓는다. 황제 세력은 그에게 군대를 해산할 것을 명령하는 동시에 콘스탄티노플에 있었던 그의 가족과 친척들을 핍박한다. 재산을 몰수하고 추방하는 과정에서 칸타쿠제노스의 어머니가 사망한다. 군대는 트리키아에서 칸타쿠제노스를 황제로 옹립하고 결국 내전이 벌어진다. 6년간의 내전으로 제국은 골병이 든다. 내전 기간 동안 양측은 외국 군대와 용병들을 고용했는데 이때 칸타쿠제노스가 손을 내민 것이 오스만의 오르한 베이였다. 무력에서 다소 열세였던 칸타쿠제노스는 자신의 딸 테오도라를 오르한 베이에게 시집보내면서 그의 지지를 끌어냈고 술탄은 6,000명의 전투병을 파견하는 것으로 호의에 보답한다. 동로마 내전의 승리는 칸타쿠제노스에게 돌아갔고 그는 125대 황제 요안니스 6세로 즉위한다. 오스만과 사돈이 된 칸타쿠제노스는 이후에도 세르비아와 불가리아의 반항 세력을 진압하는 과정에서 오르한 베이의 손을 빌렸다. 1354년 전임 황제였던 요안니스 5세가 반란을 일으켰고 칸타쿠제노스는 성인이 된 그를 막아내지 못한다. 칸타쿠제노스가 실각하자 오르한 베이는 이를 핑계로 유럽 침략에 들어간다. 튀르크족 군대가 다르다넬스 해협을 건넜고 발칸 반도의 주요 도시를 접수했다. 1359년 오르한 베이가 사망한다. 재위 33년 동안 그가 남긴 유산은 만만치 않았다. 정복에만 힘쓴 게 아니라 국가 조직을 탄탄하게 다졌다. 이를 위해 그는 울라마라고 하는 이슬람 신학자를 적극 활용했는데 종교를 통해

짙은 색 영역이 오르한의 임기 시작 영토, 옅은 색이 사망 시 영토다. 나중에 오스만의 수도가 되는 아드리아노플은 아직은 동로마제국의 영토다.

정복한 지역의 사람들을 통합하는 방식이었다. 오르한 베이는 자신에게 저항하는 도시에 대해서는 냉정했다. 주민의 5분의 1을 노예로 삼았고 차출된 소년들은 튀르크 병사가 되기 위한 교육을 받았다. 이들은 나중에 예니 체리라고 하는 정예 부대의 기원이 된다. 예니 체리는 새로운 군대라는 뜻으로 기독교인들의 자녀들로만 구성된 군대로 용맹성과 일사 분란으로 명성이 높았고 나중에는 술탄의 근위대 역할까지 수행한다. 반면 항복한 도시에 대해서는 관대했다. 주민들은 교회와 생활 방식을 그대로 유지할 수 있었고 심각한 차별대우는 없었다. 이슬람으로의 개종도 강제하지 않았다. 오르한 베이의 세금 정책은 동로마 황제의 것보다 저렴했고 그러다보니 스스로 개종하는 기독교인들도 적지 않았다.

오르한의 뒤를 이은 무라드 1세는 조금 더 나아갔다. 치세 초기 그는 라이벌 족장들을 격파하느라 아시아 지역에 집중했다. 그 사이 유럽 쪽 영토는 다시 정복 전 상태로 돌아가 버렸는데 이를 원상복구 하는 데 는 오랜 시간이 필요치 않았다. 1365년 무렵 무라드 1세는 대부분의 지역을 수복했으며 아드리아노플(현재의 에디르네)을 정복한 뒤 이곳을 유럽 지역 수도로 삼았다. 당시 발칸 반도의 최강자는 세르비아였다. 세르비아의 라자르 왕은 발칸 제후국들과 연합해 튀르크의 진출을 저지하려 했다. 그러나 뜨는 해의 기세를 막을 수는 없었다. 무라드 1세는 검은 새들의 벌판이라는 뜻의 코소보에서 라자르의 군대를 격파했고 남동부 유럽을 평정했다. 무라드 1세의 죽음은 허무했다. 탈영병으로 가장한 세르비아 병사가 무라드 1세의 막사 안에서 그의 가슴에 칼을 찔러 넣었다. 1389년의 일이다. 무라드 1세의 장남인 바예지드 1세가 4대 술탄 자리에 오른다. 술탄을 선언한 바예지드가 제일 먼저 한 일은 동생을 교수형에 처한 일이었다. 이는 그의 아버지인 무라드 1세 때에도 있었던 일로 당시 무라드 1세는 술탄이 되자마자 이복형을 살해했다. 형제 중 술탄이 된 인물이 나머지 형제들을 모조리 죽이고 산뜻하게 새 출발을 하는 이런 관행은 한동안 오스만 왕실의 전통이 된다. 바예지드 1세는 정복군주였다. 군대를 이끌고 동에 번쩍, 서에 번쩍 하는 바람에 '이을드름(번개)'이라는 별명을 얻었다. 서쪽으로는 헝가리를 난타했고 동쪽으로는 아나톨리아 정비를 마쳤으며 보스포루스 해협 동쪽에 아나돌루 히사르(성채라는 뜻)를 쌓아 다음 목표가 동로마 비잔틴 제국임을 명확히 했다. 지도로 보면 오스만의 팽창의 흐름과 방향을 이해하기가 쉽다.

흑해 밑으로 콘스탄티노플이 보이고 그 뒤쪽이 에디르네다. 이미 그때부터 수도가 콘스탄티노플을 협공하고 있었던 셈이다. 서진하면 바로 발칸 반도다.

승승장구하던 오스만을 주저앉힌 게 사마르칸트의 티무르 제국이었다. 오스만군은 티무르 20만 대군과의 대결에서 참패를 당하고 의기소침해진다. 바예지드 자신과 아들까지 포로가 되는 치욕적인 패배였다. 이후 5대 황제 메흐메드 1세의 재위 기간은 체력을 보강하고 숨을 고르던 시기였다. 그 뒤를 이은 무라드 2세는 독특한 인물이다. 그는 정복이나 전쟁보다 학문과 신앙에 관심이 많았고 고요하고 평화로운 삶을 꿈꿨다. 아이러니하게도 그는 가장 많은 전투를 치른 술탄이기도 하다. 무라드 1세에게 세르비아가 있었다면 무라드 2세에게는 헝가리가 난적이었다. 여러 차례 전투를 치렀지만 서로 간에 뚜렷한 우세를 가릴 수 없었던 오스만과 헝가리는 휴전에 동의한다. 1444년 무라드 2세는 헝가리 왕 울라슬로와 만난다. 무라드 2세는 코란에, 울라슬로는 성서에 각기 맹세를 하고 10년 휴전을 약속한다. 약속을 엎은 것은 헝가리였다. 교황의 특사였던 체사리니 추기경이 이교도와의 조약은 무효라고 선언해 버린 것이다. 울라슬로는 약속은 깼지만 오스만 군대는 깨지 못했다. 1444년 연말에 벌어진 오스만과의 전투에서 울라슬로와 체사리니 추기경이 전사한다. 이제는 정말 업무 끝이라고 생각한 무라드 2세는 불쑥 양위를 선언하고 마니사로 칩거해버린다. 덕분에 메흐메드 2세가 12살의 나이로 술탄 직을 이어받는다.

메흐메트 2세는 역대 36명의 술탄 중 유일하게 파티흐(정복자)라는 칭호가 붙어있는 인물이다. 초창기 술탄 중 정복을 안 한 사람이 없다. 그런데도 그만이 정복자 칭호를 받은 것은 그의 정복이 이슬람 세계의 가장 상징적인 사건이었기 때문이다. 메흐메드 2세는 무라드 2세의 셋째 아들이다. 후궁의 몸에서 난 자식이라 아버지는 메흐메드 2세에게 자리를 넘겨 줄 생각이 없었고 거의 버린 자식 취급을 받았으나 형들이 줄줄이 죽어나가는 바람에 얼결에 제위 계승자가 된다. 12살 소년 술탄은 용감하고 무모했고 개념도 없었다. 예니 체리와 망설임 없이 충돌했고 툭하면 보스포루스 해협을 건너가 콘스탄티노플을 점령하겠다고 큰소리를 쳤다. 이대로 가다가는 나라가 망하겠다 우려한 재상 할릴 파샤는 무라드 2세에게 간곡한 편지를 보낸다. "술탄의 망상이 너무 심하여 어떻게 해 볼 방법이 없습니다." 결국 무라드 2세는 술탄으로 컴백하고 메흐메드 2세는 시골에 처박혀 있으라는 근신처분을 받는다. 수치와 굴욕의 세월을 보내던 메흐메드 2세는 충격적인 소식을 듣는다. 아버지의 후궁이 아들을 출산한 것이다. 술탄 자리는 점점 더 멀어지고 있었다. 1451년 무라드 2세가 급작스럽게 사망하면서 메흐메드 2세의 앞날에 파란 불이 들어온다. 당시 은거 중이던 마니사에서 급하게 수도인 에디르네로 달려온 메흐메드 2세는 궁정 상황을 수습하고 술탄 직에 복귀한다. 그의 나이 19살 때의 일이다. 술탄에 오른 메흐메드 2세는 이복동생을 죽이는 것으로 업무를 시작한다. 메흐메드 2세의 복귀로 안색이 질린 사람들이 많았다. 특히 무라드 2세의 컴백을 강렬하게 요청했던 할릴 파샤는 그야말로 얼음판 위를 걷는 심정이었다. 메흐메드는 그러나 할릴 파샤를 대재상 자리에 그대로 유임시켰다. 쫓겨났던 5년 세월 동안 그는 생각이 많아졌고 조심스러움이 몸에 배어 있었다. 그러나 사람은 변하지 않는다. 그는 의중을 잘 드러내지 않았고 그가 무슨 생각을 하는지 아는 사람은 아무도 없었다. 다만 행동으로 그는 자신의 의사를 표현했다. 1451년 말 메흐메드 2세는 1,000여 명의 숙련된 석공들을 보스포루스 해협의 한 곳으로 모았다. 바예지드 1세가 건설한 아나돌루 히사르의 맞은편이었다. 겨울이 지나자 술탄의 측량 기사들이 지세地勢를 점검했고 허드레 일꾼들은 근처의 교회와 수도원을 파괴하고 돌조각들을 모으기 시작했다. 그제야 동로마는 이들의 행동이 콘스탄티노플을 점령하기 위한 1단계 포석임을 체감하기 시작한다.

동로마라는 호칭이 어색할 수 있겠다. 보통은 비잔틴 제국이라 부르고 수도인 콘스탄티노플을 국명國名과 혼용하기도 하는 까닭이다. 디오클레티아누스의 황제 퇴임 후 로마제국의 혼란을 수습한 콘스탄티누스 1세는 로마제국의 수도를 콘스탄티노폴리스로 옮겼다. 원래는 그리스 장군이 건설했던 도시로 그의 이름을 따 비잔티움이라 불리던 곳이다. 서로마가 게르만인들의 손에 넘어간 476년부터 동로마는 유일한 로마로 정치와 종교에서 영향력을 행사하지만 서로마 쪽 교황과 게르만 왕국들이 신성과 세속의 분업체계로 결합을 하면서 둘은 사실상 남이 된다. 4차 십자군 전쟁은 남이 원수가 되는 사건이었다. 서유럽의 기독교 병사들은 도우러 왔던 콘스탄티노플을 정복한 뒤 여기에 라틴 왕국을 세웠고 서유럽과 동로마는 돌이킬 수 없는 최악의 관계가 된다. 이어 로마의 진정한 후계자를 자처하고 나선 신성로마제국은 동로마의 존재가 불편했다. 그들은 동로마의 이름을 바꿔 부르는 것으로 지위를 격하시킨다. 로마제국이 아니라 비잔틴 제국으로 만들어버린 것이다. 물론 콘스탄티노플에 세워진 동로마가 몇 세기 지나지 않아 그리스인들의 왕국처럼 변해버린 것은 사실이다. 그러나 그렇게 치면 같은 시기 이탈리아 반도 로마 영역에 거주하던 사람들도 원래의 라틴인이 아닌, 침략으로 땅을 차지한 북쪽 이민족들이었다. 로마의 명성을 독점하려 했던 서유럽에 의해 지워진 존재, 그것이 동로마제국이다. 다시 메흐메드 2세로 돌아가자.

1452년 4월부터 요새 신축이 본격적으로 진행된다. 동로마 황제 콘스탄티노스는 사절을 보내 공사에 항의하지만 메흐메드 2세는 사절단의 목을 잘라버린다. 요새의 완공은 8월이었다. 지금의 터키 땅 서쪽 영토에 있는 루멜리 히사르가 바로 그 요새다. 메흐메드 2세는 포고령을 내려 보스포루스 해협을 오가는 모든 선박은 요새에서 검문을 받도록 했다. 11월 초 두 척의 베네치아 선박이 경고를 무시하고 해협을 그대로 내달렸다. 아나돌루 히사르와 루멜리 히사르에서 대포를 쏘았지만 당시

대포 운용 실력으로 움직이는 물체를 맞추는 것은 무리였다. 포고문과 경고가 별 거 아니라는 판단에 또 다른 베네치아 선박이 보스포루스 해협을 무단으로 통과한다. 확률이 100분의 1이라면 백 번에 한 번은 맞는다는 얘기다. 하필 그 배가 한 번의 불운을 차지한다. 배는 침몰했고 선장과 선원들은 참혹하게 살해되었다. 공포와 두려움으로 이후 두 번다시 무단 항해를 감행하는 선박은 없었다. 오스만의 보스포루스 통제로 등골이 서늘해진 것은 베네치아다. 그들은 이익의 보고인 바다 무역길이 막힌 것을 알았다. 베네치아 원로원 회의에서 콘스탄티노플의 운명에 대한 투표를 했을 때 그냥 내버려 두자는 의견은 7표, 뭔가 해야 한다는 의견은 74표였다. 베네치아의 경쟁 상대였던 제노바 역시 콘스탄티노플 맞은편의 페라 지구와 흑해 연안의 식민지 때문에 긴장하긴 마찬가지였다. 페라 시장에게는 혹시 콘스탄티노플이 함락되더라도 제노바의 식민지가 타격을 입지 않도록 오스만과 우호적인 협정을 맺어놓으라는 지시가 떨어진다. 이제 중세의 유엔 격인 교황이 움직일 차례다. 교황 니콜라오 5세는 콘스탄티노플 구조 계획을 동서 교회통합이라는 명분으로 진행했고 콘스탄티노스 황제는 이에 응하겠다는 답신을 보냈다. 콘스탄티노플 전체의 반응이 교회통합에 찬성이었던 것은 아니다. 추기경의 모자보다는 술탄의 터번을 택하겠다는 말이 나올 정도로 서유럽에 대한 이들의 시선은 불신과 혐오로 가득 차 있었다. 4차 십자군 때의 기억 때문이다.

오스만 제국의 내부 분위기도 콘스탄티노플 공략에 다 찬성이었던 아니다. 막대한 전쟁 비용이나 혹시라도 실패했을 경우의 후폭풍도 우려의 이유였지만 무엇보다 콘스탄티노플은 상업적으로 아직 매력이 있었던 것이다. 부정적인 의견의 대표자는 할릴 파샤였다. 1452년이 거의 끝나가던 밤에 할릴 파샤는 메흐메트 2세의 호출을 받는다. 술탄의 긴급 호출은 두렵다. 그게 밤이라면 더욱 그렇다. 할릴 파샤는 혹시라도 있을지 모르는 메흐메트 2세의 분노 어린 질책을 무마할 요량으로 금화를 잔뜩 챙겨가는 것을 잊지 않았다. 메흐메트 2세는 할릴 파샤가 내미는 금화 접시를 밀쳐냈고 자신이 원하는 것은 오직 하나뿐이며 그 일에 협조할 것을 주문했다. 할릴 파샤는 기세에 눌려 그리 하겠다 대답하고 술탄의 처소를 나온다. 새해가 되고 대신들이 모두 모인 자리에서 메흐메트 2세는 침공의지를 명확히 한다. 이제껏 있던 여러 번의 함락 계획은 외부적 요인이 방해가 되었기에 실패한 것이며 콘스탄티노플은 현재 종교 분쟁으로 분열되어 있고 이탈리아인들은 동맹군이라고 하기에는 신의가 없는 인간들인 까닭에 제해권까지 장악한 이제 더 이상 정복을 미룰 이유가 없다는 얘기였다. 마지막으로 메흐메트 2세는 콘스탄티노플을 지배할 수 없다면 아예 오스만 제국의 지배를 포기하겠다는 말로 대신들의 반발을 봉쇄하고 전쟁 지지 의사를 끌어낸다.

1453년 3월이 되자 갈리폴리 앞바다에 모여 있던 오스만의 함대가 다르다넬스 해협을 올라가 마르마라해로 진입한다. 콘스탄티노플은 두려움과 공포가 현실이 되었다는 사실을 실감한다.

오스만 해군의 이동에 이어 그리스 북동부인 트라케에 30만 명 규모의 육군이 집결한다. 그러나 콘스탄티노플에서 그때까지 모르고 있던 진짜 병기는 거대한 청동대포였다. 개발자인 헝가리 기술자 우르반의 이름을 따서 우르반 대포라고 불린 이 거포들은 테오도시우스 성벽을 표

에게해와 흑해를 잇는 마르마라해. 아래쪽 다르다넬스 해협 바로 위가 갈리폴리 혹은 터키 발음으로 겔리볼루 반도다. 그리스 신화에 나오는 헤라클레스의 기둥pillars of Heracles 위치도 보인다.

적으로 제작된 것이었다. 시험 포격에서 우르반 대포는 600km 돌 포탄을 1.6km 거리까지 날려 보냈고 포탄은 땅속 2m 깊이로 박힌다. 메흐메트 2세의 입이 귀에 걸린 것은 물론이다. 원래 대포 기술자 우르반은 그 전 해에 콘스탄티노플에서 황제를 위해 일했던 인물이다. 그러나 급여도 신통찮고 지원도 빈약한 것에 실망해 우르반은 술탄을 찾아갔고 거기서 자신의 설계를 실현했으니 콘스탄티노플 입장에서는 입이 열 개라도 할 말이 없는 사안이었다. 메흐메트 2세는 3월 23일 아드리아노플을 출발했고 4월 5일 콘스탄티노플의 테오도시우스 성벽 외곽에 도착했다. 콘스탄티노스 황제는 최선을 다했지만 그가 할 수 있는 많지 않았다. 교황은 겨우 3척의 배를 보냈을 뿐이고 다른 나라들도 황제의 호소를 들은 체도 하지 않았거나 혹시 들었다 해도 도울 여력이 없었다. 제네바에서 파견한 명장 주스티니아니가 도착한 것이 그나마 콘스탄티노플에게 위안이었다.

1453년 4월 5일, 이때부터 두 달 가까이 이어지는 콘스탄티노플 공방전이 시작된다. 오스만의 공격은 매서웠지만 콘스탄티노플도 믿는 구석이 전혀 없는 것은 아니었다. 하나는 그리스의 불이라고 불리던 일종의 화염방사기였고 하나는 테오도시우스 성벽 그리고 마지막이 거대한 방어용 쇠사슬이었다. 방어용 쇠사슬은 골든 혼 입구에 쳐져있었는데 당시 선박의 실력으로는 이 쇠사슬을 끊거나 밀어내고 돌파할 수가 없었다.

시간이 지날수록 공격은 지지부진해진다. 우르반 대포는 성벽에 타격을 입힐 수는 있었지만 파괴할 정도는 아니었고 동원한 함대도 골든 혼 입구에서 더 이상 어쩌지 못하고 머물러 있었다. 콘스탄티노플에 직접적인 타격을 가하기 위해서는 골든 혼 안에서 대포를 쏘는 것 말고는 방법이 없었다. 희대의 작전이 펼쳐진다. 배를 육지로 끌어올린 후 골든 혼 안으로 밀어 넣는 그야말로 배가 산으로 가는 기발한 작전이었다. 먼저 배에서 무거운 장치들을 빼내 최대한 무게를 가볍게 만들었다. 그리고 기름을 칠한 둥근 나무를 철로 침목처럼 땅에 깐 뒤 그 위에 배를 올리고 밧줄에 묶어 수십 마리의 소가 끌었다. 하룻밤 새 이렇게 골든 혼으로 옮겨진 배는 무려 72척이었고 날이 밝자 성벽을 지키던 병사들은 벌어진 입을 다물지 못했다. 골든 혼 안으로는 결코 진입하지 못하리라는 예상을 깨고 오스만 함대가 진을 치고 있었던 것이다. 곧이어 돌포탄이 콘스탄티노플로 날아들기 시작한다. 그러나 배에서 쏴대는 포격만으로는 콘스탄티노플을 무너뜨릴 수 없었다. 결국 테오도시우스 성벽을 뚫어야

했다. 그리고 그 날은 점점 다가오고 있었다. 5월 28일 콘스탄티노플에서는 마지막 예배가 열린다. 시민들은 성상을 짊어지고 성벽을 따라 돌면서 파손이 심한 곳마다 멈춰서 그곳에 축복을 빌었다. 뒤를 따르는 사람들은 정교회 교인이건 가톨릭 교인이건 가릴 것 없이 찬송가를 불렀고 '주여, 자비를 베푸소서'라는 뜻의 「키리에 엘리이슨」을 합창했다. 행렬에는 황제도 끼어있었다. 콘스탄티노스는 오스만군의 대공격이 임박했음을 알리고 신하들 앞에서 마지막 연설을 한다. 남자에게는 죽음을 감수할 만한 네 가지 명분이 있으며 그것은 신앙, 고향, 가족, 조국을 지키는 것이라는 연설에 모두 눈시울을 붉혔다. 그리고는 실내를 돌아보며 한 사람 한 사람에게 혹시 자신이 마음을 상하게 한 일은 없었는지 묻고 용서를 구했다. 날이 어두워지고 테오도시우스 성벽 밑으로는 대포를 앞세운 오스만 군이 집결하고 있었다. 새벽 한 시 반 무렵 메흐메트 2세는 공격 명령을 내린다. 대포알이 날고 창과 화살이 성벽 안으로 쏟아져 들어갔다. 새벽까지 이어진 치열한 전투 끝에 기진맥진한 동로마 병사들은 기습을 위해 만들어 놓은 비상문을 잠그지 않고 그대로 성안으로 들어오는 실수를 저지른다. 그 틈을 놓치지 않고 일단의 예니 체리가 성벽 안으로 진입하는 데 성공한다. 문은 바로 걸어 잠갔지만 성 안으로 들어온 에니 체리는 사방으로 흩어져 백병전을 펼쳤고 그 중 하나가 성벽 위로 기어 올라가 오스만의 깃발을 내걸었다. 불과 몇 분 전만 해도 동로마제국의 깃발인 쌍두 독수리 깃발과 베네치아의 날개 달린 사자 깃발이 같이 나부끼던 곳이다. 깃발이 주는 심리적인 효과는 컸다. 오스만 군이 성안으로 들어왔다는 소식이 거리 곳곳으로 퍼져나갔고 이때부터 동로마군은 대책없이 무너진다. 메흐메트 2세는 그의 부하들이 성벽을 뚫고 들어가는 모습을 바라만 보고 있었다. 그는 바로 성안으로 들어가지 않았다. 테스토스테론과 아드레날린의 과다 분비로 폭발 직전의 상태가 된 그의 부하들이 마음껏 학살과 약탈을 할 수 있도록 배려하기 위해서 였다. 그렇게 동로마는 1543년 5월 29일 역사 속으로 영원히 사라진다.

이후에 벌어진 살육의 현장을 중계하는 건 생략한다. 일어날 수 있는 온갖 종류의 학살과 벌어질 수 있는 모든 폭력이 도시를 뒤덮었다. 약탈은 하루 종일 계속되었다. 저녁이 되자 더 이상 약탈할 물건이 남아있지 않았고 이제 그만 약탈을 중지하라는 메흐메트 2세의 명령은 군이 필요가 없었다. 도시 대부분의 건물이 누더기가 되었지만 메흐메트 2세는 하기아 소피아 성당만큼은 일찍부터 보호해 놓고 있었다. 하기아 소피아 성당은 콘스탄티노플의 상징이었고 그는 폐허가 된 곳에서 이방인들의 신을 만나고 싶지 않았다. 메흐메트 2세는 하기아 소피아 성당을 그 즉시 모스크로 바꿀 것을 명령했고 울라마 한 사람이 설교단으로 올라가 알라 외에 다른 신은 없다고 선언했다. 오스만 제국에 의한 콘스탄티노플의 함락은 이슬람이 동유럽 세계를 완전히 장악한 상징적인 사건이었고 넓게 보면 기나긴 십자군 전쟁에서 이슬람의 최종적인 승리를 의미했다. 메흐메트 2세가 아버지에게 물려받은 영토는 90만km²로 독일과 프랑스를 합쳐놓은 규모였다. 이게 아들에게 물려줄 때는 220만km²로 불어나 있었다. 정복 군주답게 그는 군사 원정 도중 사망했다. 49살의 나이였다. 우리는 메흐메트 2세의 이름에 익숙하지 않다. 메흐메트 2세가 콘스탄티노플에서 기독교의 흔적을 지웠다면 서구는 역사에서 메흐메트 2세의 흔적을 지웠다. 서양 세계에서 메흐메트 2세는 칭기즈 칸 만큼이나 기억하기도, 언급하기도 싫은 이름이다.

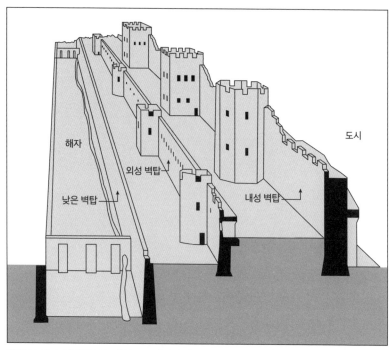

해자

도시

외성 벽탑

낮은 벽탑

내성 벽탑

테오도시우스 방벽의 구조. 삼중으로 되어 있어 공략이 사실상 불가능하다. 첫 번째 장벽인 해자를 건너오면 성벽이 버티고 있다. 이를 타넘으면 또 성벽이 나오고 여길 통과해도 또 성벽이 기다리고 있다. 오죽하면 훈족의 아틸라도 이 성벽을 보고 한 나절 고민한 끝에 그대로 철수했을까.

1520년 신하들과 예니 체리 그리고 외국의 사절단이 참석한 가운데 새로운 술탄의 즉위식이 열린다. 주인공은 쉴레이만 1세였다. 당시 25세 였던 그는 오스만 제국의 전성기를 이끌었던 인물로 46년에 이르는 통 치기간 동안 13차례의 원정을 떠났던 정복 군주다. 그는 로도스 섬을 함 락해 동지중해의 해상권을 장악했으며 헝가리 원정에서는 수도인 부다 페스트를 비롯해 대부분의 헝가리 영토를 정복했다. 무섭게 확장을 계 속하던 쉴레이만 1세의 기세는 오스트리아 빈에서 꺾인다. 오스트리아―

합스부르크의 2만 군대는 목숨을 걸고 빈을 방어했고 춥고 흐린 날이 이어지는 가운데 쉴레이만 1세는 퇴각 명령을 내릴 수밖에 없었다. 대신 쉴레이만 1세는 이란과 이라크 지역을 공격하고 바그다드를 손에 넣었으며 아라비아 반도 남부와 페르시아만까지 군대를 진격시켰다. 아프리카 북부의 튀니지와 알제리가 오스만의 손에 들어온 것도 쉴레이만 1세 때의 일이다. 정복만으로 인생을 보냈으면 그의 명성이 지금까지 남아 있지 않았을 것이다. 그는 「쉴레이만 법전」을 편찬토록 해 인적 구성이 복잡한 제국을 하나의 법으로 다스렸고 제국에 걸맞게 행정을 다듬었다. 제국의 출발은 개방성이다. 오스만 제국에서는 튀르크인이 아니거나 무슬림이 아닌 사람도 능력만 있으며 신분 이동이 가능했고 특히 쉴레이만 1세는 누군가를 관료로 임명할 때 출신과 계급을 일체 묻지 않았다. 소집이라는 의미의 '데브시르메'는 다른 민족이나 종교를 가진 사람들 중에서 인재를 뽑는 제도로 이를 최대한 활용한 것이 쉴레이만 1세였다. 아랍, 이슬람 세계애서 건축가의 대명사로 불리는 미마르 시난도 데브시르메 출신으로 쉴레이만 1세 때 등용한 인물이다. 미마르 시난은 쉴레이만 1세를 기념하는 쉴레이마니에 모스크를 지어 그에게 바쳤다. 쉴레이만 이야기를 할 때마다 따라 나오는 게 그의 아내인 록셀란이다. 그녀는 예쁘기보다는 우아한 스타일의 여자였고 쉴레이만 1세는 노예였던 그녀를 해방시키고 결혼까지 했다. 원래 오스만 제국의 술탄은 공식적으로 결혼을 하지 않는다. 그러나 쉴레이만은 록셀란과 공식적으로 결혼을 했고 25년 동안 일부일처제를 사수하는 놀라운 기록을 남겼다. 쉴레이만의 총애 속에서 록셀란은 정치에 개입하기 시작했고 다른 후궁이 낳은 아들을 반란죄로 암살했으며 자신의 아들인 셀림을 무리하게 술탄으로 올리는 것으로 남편의 사랑을 이용했다. 처음부터 끝까지 일관성 있게 무능했던 셀림 2세는 오스만 제국을 약화시킨 첫 번째 군주로 꼽힌다.

쉴레이만의 뒤를 이은 셀림 2세, 무라드 3세, 메흐메트 3세를 거치면서 무능한 술탄 레이스가 펼쳐진다. 이것도 참 신기한 일인데 처음 나라가 세워질 때는 유능한 인물이 계속해 등장하고 정상이 오른 뒤로는 무능과 한심이 반복적으로 계승된다. 일단 이 인물들은 전쟁터에 나간 적이 없고 그래서 자신의 기량을 시험해 볼 기회도 없었다. 궁정은 당연히 행정 관료와 군인들이 지배했고 재상의 실권은 술탄을 넘어설 지경이었다. 술탄의 재질이 지속적으로 하락한 것은 적자생존에서 연장자 상속으로 술탄 계승의 방식이 바뀐 것과도 관련이 있다. 이전에는 아들 중 가장 능력이 뛰어난 인물이 술탄에 올랐고 형제들은 모조리 죽였다. 메흐메트 2세는 아들 중 누구라도 술탄이 되면 세상의 질서를 위해 그의 형제들을 죽이는 것이 마땅하다며 아예 제도화 비슷하게까지 만들어버리기도 했다. 권력투쟁은 더욱 치열해졌으며 그것은 살기 위한 어쩔 수 없는 선택이었다. 메흐메트 3세가 죽었을 때 왕실에는 14세의 어린 아흐메트 1세와 그의 동생 무스타파밖에 남지 않은 상태였다. 아흐메트 1세에게 무슨 문제라도 생기면 혼란은 불을 보듯 뻔했고 다른 대안이 없었던 왕실은 무스타파를 살려두기로 한다. 물론 하렘의 외지고 밀폐된 곳에서 죄인처럼 숨어 사는 처지였다. 이후로는 이것이 제도화되어 술탄의 형제들은 금빛 감옥이라 불리던 '카페스'에서 죽은 듯 살아야 했다. 술탄이 죽으면 카페스에 갇혀있던 왕족 중 가장 나이 많은 남자가 그 자리를 이었다. 쉽게 말해 술탄의 존재가 하나도 안 중요한 시기가 된 것이다. 덕분에 어린 나이에 카페스에 들어가서 정치와 행정은 물론이고 세상물정도 모르는 인물이 술탄에 오르는 일이 연속해서 벌어졌다. 술탄의 여인들이 거처하던 공간이 하렘이다. 아랍어 '하람'에서 유래한 하렘은 '종교적으로 금지된' 혹은 '신성한 장소'등의 의미를 가지고 있으며 일반인의 출입은 통제되고 남자는 오직 환관만이 드나들 수 있었다. 하렘은 서구인들에 의해 술탄의 난잡한 성생활을 상징하는 공간처럼 묘사되었고 남성들의 저속한 욕망이 투사되는 대상이 되었다. 그러나 술탄의 어머니가 관리하던 하렘은 그보다는 훨씬 복잡한 성격이었고 차라리 매우 정치적인 공간이었다.

술탄 아흐메트 1세는 무능했지만 단지 오늘날 오스만 제국과 이스탄불을 상징하는 술탄 아흐메트 모스크를 지은 것으로 역사에 이름을 남긴 인물이다. 지금은 본 명칭보다 내부의 푸른빛 때문에 블루모스크로 더 잘 알려진 이 모스크에는 완성까지 8년의 시간이 들어갔다. 완성된 모스크를 보고 아흐메트 1세는 당황했다. 높은 첨탑인 미나레트가 6개나 되었기 때문이다. 성 소피아 성당도 4개, 쉴레이마니에 모스크도 4개 심지어 메흐메트 2세의 모스크도 미나레트는 2개에 불과했다. 아흐메트 1세는 시공 책임자인 메흐메트 아가를 불러 미나레트가 6개가 된 연유를 물었다. 메흐메트 아가는 애초에 그렇게 만들라 하지 않았느냐 되물었고 아흐메트 1세는 그제야 터키어로 여섯을 뜻하는 알트와 황금을 의미하는 알툰의 발음이 비슷해 그리 된 것을 알고 쓴웃음을 지었다. 그러나 이야기는 후세의 창작이고 미나레트를 황금으로 만들면 가뜩이나 악화일로의 국가 재정에 부담이 될까봐 재정 담당자와 관료들이 대신

개수를 늘려 술탄의 체면을 살리는 쪽으로 타협을 했다는 것이 정설이다. 그만큼 오스만 제국의 기세는 기울어 있었다. 아흐메트 1세 역시 그럴 돈이 있으면 기울어가는 제국의 부흥을 위해 썼어야 했다.

오스만 제국의 쇠퇴에 가장 큰 힘을 발휘한 것이 예니 체리다. 발칸 지역의 기독교 가정 소년들을 선발해 이슬람으로 개종시켜 만든 예니 체리는 오스만 제국의 성장기에 중추적인 역할을 했다. 이들은 오직 술탄의 명령에만 복종했으며 의전에서도 가장 높은 대우를 받았다. 그러나 정복 시대가 끝나고 출정이 사라진 시대가 오자 이들은 특권을 이용하여 상업 활동에 손을 뻗치는 등 기강 해이의 절정을 달리게 된다. 국가 재정이 악화되고 봉급이 줄면서 이들의 부패는 더욱 심각해진다. 부업으로 수입을 챙겼고 뇌물 수수의 창구가 되었으며 매관매직에 솔선수범했다. 얼마 안 가 이들은 정부 관리의 임명은 물론이고 술탄의 폐위와 등극에까지 영향력을 행사하게 된다. 오스만 제국 역사상 역대 술탄 36명 중 17명이 예니 체리의 음모로 실각했으며 16대 오스만 2세는 예니 체리를 철폐하는 계획을 세웠다가 폐위 후 살해되기도 했다. 국정 난맥 속에서 이들의 농단은 더욱 활발하게 이루어졌고 자신들의 기분을 상하게 하는 조치가 있으면 방화로 보복을 하는 일까지 벌였다. 1554년 아나톨리아 원정 당시 총리대신 뤼스템 파샤에 대한 불만으로 예니 체리가 야마시아 시내를 불태운 일은 유명한 사건이다. 몇 번에 걸쳐 예니 체리를 개혁하려는 시도가 있었지만 이들은 반란으로 개혁의지를 무산시켰으며 결국 30대 술탄 마흐무드 2세에 이르러서야 예니 체리는 폐지된다. 1826년의 일로 사실 이때는 예니 체리가 아니어도 이미 망조가 든 오스만 제국이었기에 별 의미는 없었다. 전혀 원한 바는 아니었으나 군림하되 통치는 하지 않는 입헌군주제를 일찌감치 실현한 오스만 제국이 정체와 쇠락을 반복하는 동안 서유럽은 강력한 왕권을 바탕으로 관료제와 상비군을 마련하는 절대주의 국가로 발전하고 있었다. 1922년 오스만 제국은 압뒬메지드 2세를 마지막으로 역사의 뒤안길로 사라지고 오스만 제국을 끝으로 유목민족이 주도했던 세계는 막을 내린다. 제국의 뒷이야기는 다른 책에서 계속 이어진다.

12.
빈농, 주원장 명나라를 건국하다

명나라는 근대 이전 중국을 지배했던 마지막 한족 왕조다. 오랑캐를 몰아내고 중화를 회복하자는 구호를 내걸고 중국 남부에서 반란을 일으킨 주원장이 25만 대군을 몰고 북상할 때도 원나라는 궁정 내부의 권력투쟁으로 날이 밝고 날이 새는 중이었다. 반란군은 하남 지역을 장악하고 본격적으로 원의 수도인 대도大都를 압박하기 시작한다(대도는 오늘날의 북경). 원나라의 마지막 황제였던 토곤 테무르는 얼마 안 되는 군대나마 보내 이를 막아보려 했으나 이미 가능성은 제로였다. 토곤 테무르는 북방으로 몸을 피하는 수밖에 없었고 1368년 여름, 황실의 일족과 함께 만리장성을 넘어 몽골의 여름 수도 상도로 향한다. 그러나 그곳에서도 안식을 취할 수 없었다. 이듬해 명나라 군대가 상도를 목표로 쳐들어왔기 때문이다. 그는 더 북쪽으로 올라가 응창이라는 곳에서 세상을 뜨고 만다. 그의 나이 51세였고 아마도 나라를 잃은 마음의 병에 다른 질병이 겹쳐 합병증으로 사망한 것으로 추정된다.

원나라를 북방 멀리 밀어내고 명나라를 창시한 주원장은 회수(화이수)

에 면한 호주(하오저우)에서 빈농의 아들로 태어났다. 원장은 나중에 스스로 붙인 것이고 원래 이름은 중팔重八로 여덟 번째 아들이라는 뜻이다. 어찌나 가난했던지 출생 당시 그의 아버지와 어머니는 입 하나 늘어난 것을 걱정할 정도였고 말 그대로 주원장은 쫄쫄 굶는 유년기를 보냈다. 역병이 돌고 양친과 큰형이 죽자 그는 출가하여 승려가 되었는데 말이 좋아 승려지 생활의 9할은 구걸이었다. 25세 무렵 주원장은 반란군인 홍건군紅巾軍에 들어간다. 홍건군은 미륵이 내려와 세상과 사람들을 구제한다고 믿었던 백련교의 군사조직으로 이마에 붉은 두건을 썼다하여 홍건군으로 불렸다. 승려보다는 군사가 적성에 맞았던 듯 주원장은 이내 조직에서 두각을 나타내며 두목인 곽사흥의 오른팔이 되더니 얼마 안가 그의 사위가 되었다. 장인이 죽자 주원장은 조직을 물려받았고 1256년 남경(난징)을 점령하고 그곳을 본거지로 삼아 창업 준비에 들어간다. 이때 그가 모셔온 인물이 대학자인 유기劉基로 나중에 명나라 왕조 체제 확립의 토대를 만들게 된다. 세력 확대 끝에 대두를 장악한 주원장은 1368년 스스로 대명황제를 칭하며 황제 자리에 오른다(시호는 홍무제洪武帝). 대명大明은 명나라의 정식 국호인데 태조 주원장이 믿었던 백련교의 교리에서 따온 작명이다. 백련교에서는 흑암이 물러가고 광명光明이 올 것이라 예언했는데 흑암인 원나라를 몰아내고 세운 나라라 하여 명이라는 국호를 쓴 것이다.

나라는 세웠지만 주원장의 기반은 곽사흥의 군사 조직밖에 없었다. 게다가 사위라는 이유로 대장이 되긴 했지만 곽사흥 군단의 내부에는 쟁쟁한 선배들이 많았다. 주원장은 선배들을 관료기구의 요직에 등용할 수밖에 없었다. 대신 자신의 아들들을 모조리 지역왕인 번왕에 임명했다. 다행히 아들이 많아 번왕을 많이 세우는 데는 지장이 없었다. 무려 26명. 주원장은 아들들에게 군대를 맡김으로써 일족의 지배를 공고히 한다. 건국 11년차인 1379년 어느 정도 자신감이 생긴 주원장은 자신과 함께 원나라를 무찔렀던 홍건군 계보 개국 공신들을 대거 숙청한다. 대략 10만 명의 사람이 죽어나갔는데 이는 황권을 강화하기 위한 어쩔 수 없는 조치이기도 했다. 주원장은 6개의 관청을 통괄하는 중서성을 폐지한 뒤 모두 황제 직속으로 돌렸고 군을 통괄하는 대도독부와 관료를 감시하는 어사대 역시 분할하여 자신의 직속으로 만든다. 한편 몽골의 풍습을 일소하는 일에도 집중했는데 몽골의 것을 호복胡服, 호어胡語, 호성胡姓이라 하여 금지했고 전통의 부활이라는 측면에서 한족 민족주의를 강조했다. 그러나 군사제도나 농민 통제에 대한 제도는 원나라 것을 이어받아 썼는데 그보다 나은 것을 찾기 어려웠기 때문이다. 나름 열정적으로 새 나라를 만들어가던 주원장이었지만 1392년 황태자가 39세의 나이로 급사하면서 다리에 힘이 풀린다. 넷째 아들인 연왕燕王 주체를 다음 황제로 삼으려 했으나 적자상속을 주장하는 신하들에게 밀려 어린 손자를 세우니 이 사람이 2대 황제인 건문제다. 어린 황제가 국정을 풀어가는 데 부담을 느끼지 않도록 남옥이라는 장군의 모반사건을 조작해서 1만 5천 명을 하늘나라로 보내 버린 것이 그의 마지막 배려였다.

건문제는 명나라 황제 16명 중 가장 비극적인 인생을 살았던 인물로 그의 삼촌인 연왕 주체에게 황제 자리를 빼앗기고 불에 타 죽었다. 즉위 초기 건문제는 번왕들의 힘을 빼야 한다는 조정의 의견에 따라 세력이 약한 번왕부터 차례로 불러들여 체포한 뒤 유배를 보내거나 죽였다. 이에 위기의식을 느낀 연왕 주체가 1399년 군주 측근의 간신들을 제거하여 명황실의 난을 평정한다며 군사를 일으켜 수도인 난징을 공격하니 이른바 '정난의 변'이다. 내전은 4년 동안 이어졌으며 최종 승리 후 주체는 궁전을 불태웠는데 건문제는 이때 사망한 것으로 보인다. 이 주체가 명나라 최고의 황제로 꼽히는 영락제다. 영락제는 북경에 있으면서 몽골족과의 대립을 내내 지켜본 까닭으로 그 위험을 충분히 알고 있었고 황제가 된 후에는 직접 대군을 이끌고 다섯 번이나 몽골고원을 침공했다. 역대 중국 황제 중 고비사막을 넘어 친정한 황제는 북위의 태무제, 명의 영락제, 청나라의 강희제 세 명인데 태무제는 북방 선비족 출신, 강희제는 만주족 출신이었으니 영락제는 사막 북쪽 친정을 감행한 유일한 한족 황제인 셈이다. 80만 대군으로 베트남을 침공한 사람도 이 사람이다. 영락제의 힘자랑으로 주변 30개 국 나라들은 명에 사절단을 파견했고 조공을 바쳤다. 영락제는 연인원 100만 명의 농민과 장인 30만 명을 동원해 3년 반 동안 베이징을 건설했다. 우리가 알고 있는 천안문도 그때 만들어진 것으로 북경이 수도가 된 것은 1421년의 일이다.

영락제의 외부 활동으로 가장 유명한 것이 정화의 원정이다(물론 자신이 직접 간 것은 아니지만). 근대 이전까지 중국 역사상 가장 많은 재정을 소모했다는 이 원정은 이슬람 교도였던 환관 정화를 대장으로 삼아 이루어졌으며 1405년 첫 출항을 한 뒤 1422년까지 17년에 걸쳐 6회의 원정이 시행되었다. 규모는 어마어마했다. 길이 151m, 폭 61m, 무게 2천 톤이 넘는 보선寶船을 필두로 60여 척의 대형 선박 등 전체 선박 숫자가 2천여 척에 달하는 엄청난 규모였다(승무원은 2만 7천 명). 이는 당시 중국의 선박 제조 능력이 세계 최고였기 때문에 가능했던 일인데 1420년경에는 명나라가 보유한 선박수가 유럽 전체의 선박수를 합친 것보다 많았다. 정화 함대로부터 90년 후인 1498년, 유럽에서는 최초로 인도의 캘리컷에 도착한 바스코 다 가마의 선단이 척수는 넷, 승무원은 170명에 기함인 산 가브리엘호가 겨우 120톤에 불과했던 것을 생각하면 당시 중국의 선박 제조 실력을 가늠할 수 있다. 함대는 동남아시아를 경유해 인도 서해안의 캘리컷과 페르시아만까지 돌고 왔는데 본진이 아닌 분견대는 아라비아반도의 메카와 아프리카 동해안까지 방문했다(함대가 아프리카에서 실어 온 기린은 소말리아어로 목이 긴 동물을 가리키는 말이었지만 태평성세에만 나타난다는 전설의 동물 기린과 이름이 같다는 이유로 영락제의 상징이 된다). 문제는 이 원정이 상업이나 교역이 목표가 아니라 단지 위용 과시에 불과했다는 사실이다. 영락제는 그저 자신이 다스리는 나라의 규모와 선박 제조 능력과 풍성한 재정을 자랑하고 싶었을 뿐 그 항해를 통해 전 세계에 유통망을 만들 생각까지는 없었다. 만약 그런 목적으로 원정이 이루어졌다면 유럽의 대항해 시대는 없었을 것이며 아메리카의 발견은 중국인들의 성취로 끝났을 것이다. 이 원정으로 얻은 것은 이후 인도양 주변의 50여 개국에서 명나라에 조공사절을 파견하는 효과 정도였고 그나마 이후의 해금 정책으로 기껏 개척한 바닷길로 닫아버렸으니 밥상을 차려놓고 정작 수저는 들지 않았던 셈이다. 남의 나라 일이지만 참 아쉽다.

내치內治 일부는 다소 잔인했다. 잔혹함은 그의 아버지 주원장에게 물

려받은 것으로 보이는데 아버지보다 한술 더 떴던 건 불필요한 숙청에
도 열심이었다는 사실이다. 자신에게 반대하는 유학자 방효유 일족에
대한 처형은 과다함의 절정이었다. 방효유의 눈앞에서 가족과 친척은
물론 친구와 방효유가 거주하던 마을 주민들까지 죽인 것은 참 비논리
적인 학살이었다. 이때 만들어진 말이 십족十族을 멸한다는 무자비한 표
현이었는데 이는 기존의 구족(친족의 4대와 외족의 3대 그리고 처족의 2대)에
친구와 문하생을 더한 것을 말한다. 조카를 죽인 면에서는 조선의 세조
와 닮았지만 혈족과의 권력 투쟁을 통해 황제 자리에 오른 후 나라의 기
틀을 잡았다는 점에서는 태종과 비슷한 꼴이다. 심지어 영락제와 태종
은 만난 적이 있는데 태종이 왕자 시절 명에 사신으로 갔을 때였고 영락
제는 연왕으로 있던 시절이다. 태종을 조선 국왕으로 인정해 준 것도 영
락제였다.

영락제 사망 후 장남인 홍희제가 제위를 물려받았으나 고도비만으로
인한 합병증으로 그 해 세상을 떠나고 1425년 홍희제의 장남이 뒤를 이
으니 바로 선덕제다. 선덕제는 할아버지의 야성과 아버지의 학문 숭상
스타일이 합쳐진 인물로 북방 방어선을 만리장성으로 하향 조정하고 북
베트남에서 철수했다. 선덕제 즉위 다음 해 숙부인 한왕漢王 주고후가 반
란을 일으킨다. 영락제 2탄이 되는가 했으나 선덕제는 건문제와는 내공
이 완전히 다른 인물이었다. 친정하여 반란을 진압했고 주고후를 잡아
다 자금성 내 소요성에 유폐시켰다가 무쇠솥에 삶아 죽였다. 주고후의
아들 열 명을 같이 처형한 것은 부록이었다. 그 사건 말고는 내치에서 무
탈한 정책을 펼쳤기에 그의 아버지 홍희제와 선덕제의 통치 시기를 묶어

'인선의 치仁宣之治'라고 한다. 명나라 최대의 전성기라고 말하는 사람도 있으나 이는 공성에서 수성으로 왕조의 스타일이 변한 것을 의미할 따름이며 이제는 나라가 공격하는 상황에서 공격을 막아내는 입장이 된 것의 반증이었다. 그것을 증명한 인물이 선덕제 다음으로 황제에 오르는 영종, 정통제이다. 9살 어린 나이로 황제에 오른 정통제에게는 왕진이라는 환관이 곁에 있었는데 그의 어린 시절 스승이기도 하여 총애한 끝에 환관 전횡이라는 최악의 사태를 발생시킨다. 내치가 뒤숭숭해지는 가운데 몽골고원의 오이라트 부족이 명의 황녀를 아내로 요구한다. 정통제는 바로 거절했지만 통역에 문제가 생겨 분쟁이 발생하고 오이라트의 에센 칸이 대군을 이끌고 남하하는 상황이 발생한다(황녀 요구는 핑계). 왕진은 정통제에게 친정을 간청했고 어린 황제는 50만 대군을 이끌고 북상했다가 왕진은 피살당하고 황제는 포로가 된다. 중국 역사상 이민족과의 전투에서 황제가 포로로 잡힌 것은 이것이 처음으로 '토목의 변'이라 부른다. 명의 실력은 그만큼 허약해져 있었다. 황제를 포로로 잡은 에센 칸은 명과의 교섭을 시도했으나 명 조정은 이미 영종의 이복동생 주기옥을 황제로 옹립한 상황이었다. 경태제다. 에센 칸은 가치가 없어진 정통제를 조건 없이 석방하고 명태제는 명에 돌아와 태상왕이 된다. 정통제의 존재는 경태제에게 정치적인 부담이 된다. 경태제는 정통제를 유폐시켰고 이후 조정은 정통제파와 경태제파로 나뉘어 분쟁을 벌인다. 1457년 경태제가 와병 중에 서유정 등이 정변을 일으키고 경태제는 폐위된다. 흔히 '탈문지변'이라고 부르는 사태다. 8년 만에 다시 황제 자리에 오른 정통제는 이전 연호를 그대로 쓰지 않고 천순이라는 새로운 연호를 내건다(경태제의 연호가 당연히 싫겠지요). 정통제는 포로 이전 때와는 달리 그럭저럭 괜찮은 정치를 펼쳤고(특별한 위업이 없다는 얘기다) 1464년 38세의 나이로 사망한다.

뒤를 이은 8대 명헌종, 성화제는 재미있는 인물이다. 아버지 정통제가 포로가 되는 바람에 신분이 불안한 상태로 어린 시절을 보냈고 그 여파로 말을 더듬게 된다. 황제가 된 후 19살 연상의 만귀비에게 빠졌고 그녀의 낮은 신분에도 불구하고 황후로 만들려다가 어머니와 조정 관료들의 반대로 좌절했다. 만귀비는 성화제의 아이를 출산했으나 낳자마자 바로 죽었고 이후 임신한 후궁들에게 이 분노를 푼다. 낙태시키고 때리고 감금하고 독약을 먹이는 바람에 성화제는 말년까지 후사가 없는 상황이 된다. 그러다 궁녀인 기씨가 임신을 했고 만귀비는 기씨에게 낙태약을 먹여 유폐 시키려 했지만 약의 배합에 실패했던지 그만 출산을 하고 만다. 그 아이가 나중에 효종, 홍치제가 된다. 홍치제는 명나라의 마지막 명군 소리를 들었던 인물이다. 만귀비는 궁녀를 때리는 습관을 버리지 못하고 또 누군가를 한참 두들기다가 그만 혈압으로 사망한다. 성화제는 진심으로 만귀비를 사랑했던지 계속 만귀비 타령만 하다가 시름시름한 끝에 만귀비가 죽은 1487년 그 해에 사망한다.

어느 왕조나 명군과 암군이 있다. 재미있는 것은 이게 들쑥날쑥 하는 게 아니라 대체로 명군은 전반부에 배치되고 암군은 후반부에 집중적으로 모인다는 사실이다. 이는 동서고금을 통해 거의 예외 없는 현상인데 앞서 나왔던 오스만 제국이 그랬고 서구에서는 로마제국이 그랬다. 이제 명나라에서도 세 명의 암군이 나올 차례인데 정덕제와 가정제 그리고 만력제로 정말 조상의 빛난 얼을 완벽하게 날려버리신 분들이다. 10대 정덕제는 티베트 불교인 라마교에 빠져 방중술이라는 성행위 관련 비법 탐구에 몰두하면서 모든 정무를 8명의 환관들에게 맡겼다. 환관들은 은 2만 냥을 내지 않으면 황제 알현을 허용치 않았고 지방 관료를 수도로 불러올리는 조건으로 거액의 뇌물을 챙겼다. 위에서 그 모양인데 중간과 아래가 멀쩡할 리가 없다. 한마디로 나라가 나라가 아니었고 이권을 챙기는 거대한 집단으로 변해버린 것이 당시의 모습이었다. 11대 가정제는 정덕제의 사촌동생으로 묘호는 세종이다. 아마도 세종이라는 묘호가 붙인 인물 중에서 가장 안 세종스러운 사람일 것인데 그가 통치한 16세기 중엽은 몽골과 왜구의 빈번한 침공으로 나라가 심각하게 어지러운 시기였다. 그러나 그건 자기 할 바 아니라는 듯 가정제는 제 하고 싶은 일만 하며 제위 기간을 보냈다. 도교를 신봉했고 스스로 신선을 칭하는가 하면 월경혈과 아침이슬로 불사의 약을 만든다며 궁녀들을 괴롭혔다. 얼마나 피 마르게 궁녀들을 볶았는지 한 번은 황제의 패악을 견디지 못한 궁녀 16명이 애첩과 동침하던 황제를 목 졸라 죽이려고 한 적까지 있었다(야사가 아니라 정사다). 이 사건을 임인궁변王寅宮變이라고 한다. 물론 암살을 기도한 궁녀 16명 전원이 저자거리에 끌려 나가 능지처참을 당했다. 황후는 일의 뒤처리를 하면서 슬그머니 가정제가 당시 자주 동침하던 애첩까지 죽여 버리는 센스를 발휘한다. 도교에 더 깊이 빠져들었던 가정제는 엄숭이라는 인물을 관료로 발탁하여 국정을 맡긴다. 엄숭의 국정 전횡은 무려 20년 동안이나 계속됐고 환관 세력 대신 권신의 독직 정치가 왕조의 쇠락을 부채질했다. 정덕제와 가정제가 통치한 61년 동안(1505~1566) 명나라는 내부 붕괴의 레일 위로 본격적으로 올라섰다.

　1572년 즉위한 13대 만력제는 우리와는 임진왜란의 경험을 공유하는 인물이다. 10살의 나이로 즉위했는데 성인이 될 때까지는 그의 스승인 장거정이 재상 역할을 하며 나라를 꾸려갔다. 장거정은 바늘 끝 하나 안 들어갈 정도로 깐깐한 인물이었다. 그가 10년 동안 만력제에게 시킨 것은 오직 공부가 전부였다. 그것도 대충대충이 아니라 아침부터 밤까지 오로지 공부만 시켰다. 덕분에 1582년 장거정이 죽고 만력제가 실질적인 통치를 하게 되었을 무렵 모든 사람들의 기대를 한 몸에 모은 정말 준비된 명군의 모습이었다. 그러나 실무를 챙기기 시작한 후 만력제는 충격적인 사실을 알게 된다. 청렴의 절정을 달리며 선비의 전형이었던 장거정이 실은 부패의 달인이었던 것이다. 방법을 가리지 않고 재산을 모았고 주변에는 측근들만 배치하여 정의로운 관료가 아예 등장할 틈을 주지 않았다. 이건 정말 미스터리한 일인데 이때부터 만력제는 사람이 완전히 변했고 환관들에게 정치를 맡겼으며 사치를 취미생활로 승화시켰다. 세수 2년 치를 들여 자신의 호화로운 묘인 지하궁전을 세운 일은 그의 대표작이다. 그것 외에 만력제는 아무 일도 하지 않았다. 조정 업무를 보지 않아 그의 얼굴을 기억하는 사람이 없을 정도로 나랏일에 관심을 끊었다. 고위층 관리들도 만력제의 얼굴을 몇 년에 한 번이나 볼까 말까 정도였다. 그런데 여기서 참 신기한 게 만력제가 조선을 위해서는 과다한 친절을 베풀었다는 사실이다.

　1592년 도요토미 히데요시가 조선을 침공한다. 말은 명나라를 치기 위해 길을 내달라는 것이었지만 그 말을 믿는 사람은 없었다. 부산에 상륙한 일본군은 20일 만에 한양에 입성한다. 선조의 대안은 명나라밖에 없었다. 선조가 눈물로 호소한 지원군 파병에 만력제는 기꺼이 그리하겠다고 답한다. 게다가 1년 분 이상의 세수를 쏟아부어 명군의 출병을 지원한다. 조선 파병으로 중국 민중들의 불만이 높아졌지만 만력제는 전혀 개의치 않고 지원을 계속 해 나갔다. 당시 명군이 조선 땅에 와서 부렸다는 행패를 대단한 것인 양 말하는 경우도 있는데 중세에 그 정도 거드름은 기본이었다. 명군은 당대의 평균적인 갑질만 했으며 그것을 제외한다면 명의 조선 지원은 상식 이상으로 선량한 것이었다. 명나라와 도요토미 히데요시의 협상은 서로가 받아들일 수 없는 요구사항으로 채워졌고 결국 1597년 정유재란이 터진다. 일본군의 군기는 떨어졌고 조선 민중의 저항 실력은 늘었으며 이듬 해 도요토미 히데요시가 사망하는 것으로 7년 동아시아 전쟁은 막을 내린다. 그 결과는 셋이다. 중국에서는 명나라가 망했고 일본에서는 도요토미 히데요시 세력이 무너졌으며 조선은 임란 전후로 전혀 다른 나라가 되었다. 쉽게 말해 셋 다 망했다. 임진왜란 지원병 파병은 만력제가 30년 즉위 기간 동안 황제로서 했던 유일한 일이었다. 만력제는 황제의 자리에 있은 지 48년이 지난 1620년 아주 평안하게 세상을 떠났다. 그는 자신이 친히 설계에 참여한 지하궁전(정릉定陵)에 묻혔다.

13.
이자성의 난, 명청明淸 교체기 그리고 남명南明

명나라는 16대 황제 277년으로 막을 내린다. 17대라고 하는 사람도 가끔 있는데 6대 정통제 때문이다. 포로로 잡혀갔다 복위한 것 때문에 이 사람을 8대로 봐야 하는지 아니면 그냥 '복위'처리할 것인지를 놓고 의견이 갈린다. 8대 순천제로 볼 경우 다음 주자인 성화제부터는 대수가 하나씩 밀려 성화제는 9대가 되고 만력제는 14대가 된다. 보통은 복위로 보지만 혹시 만력제의 대수가 다를 경우 참고하시기 바란다. 13대 만력제가 갔으니 이제 셋이 남았다. 14대 황제 광종, 정황제는 만력제의 장남으로 내탕금을 털어 국경 부근 가난한 지역의 백성들을 구제했고 군사들을 위한 군량을 보내는 등 오랜만에 황제의 존재감을 드러냈으나 즉위한 지 한 달 만에 39세로 사망한다. 해서 별명이 한 달 천자. 15대 희종, 천계제는 음모가 난무하고 모략이 거미줄 같은 궁궐에서 성장하는 유년 시절 그 두려움을 잊으려고 목공예를 익혔는데 취미가 일상이 되어 7년 동안 나무만 깎다가 죽었다. 마지막 16대 희종, 숭정제는 천계제의 이복동생으로 기울어져 가는 나라를 살리기 위해 마지막까지 애를 썼던 인물이다. 문제는 이미 너무 기운 나라라서 그의 노력이 빛을 보지 못했다는 것인데 그래도 그 고군분투가 나름 인정을 받아 망국의 군주치고는 평가가 좋다. 승정제를 압박한 것은 내부에서 일어난 이자성의 난과 매일이 다르게 성장세를 타는 외부의 강적 여진족이었다. 이자성에 대한 평가는 엇갈린다. 단순한 농민 반란군 수괴로 보는 시각도 있고 명나라에 이어 다시 한번 중원에 한족 왕조를 세울 뻔했던 풍운아로 보기도 한다. 그는 반란이 안 일어나면 그게 더 이상한 시대를 살았고 최선을 다했으나 세월은 그의 편이 아니었다. 동쪽 만주에서 흥기한 여진족이라는 변수가 너무나 강력하게 작용했기 때문이다. 이자성은 중농 집안 출신으로 가세가 기울자 역참에서 역졸로 근무를 시작한다. 급여가 지급되지 않았고 그는 다른 살 길을 찾아 군대에 입대한다. 믿어지지 않지만 여기서도 급여는 나오지 않았다. 겨우 밥이나 얻어먹는 생활에 질린 이자성은 1627년부터 들불처럼 번진 농민반란에 눈을 돌린다. 1628년 반란군은 왕가윤이라는 인물을 중심으로 결집이 되고 여기에 탈영 군인, 전직 관리 등 전문직이 가세하면서 군세가 잡힌다. 1631년 왕가윤이 전사하면서 고영상이라는 인물이 그 자리를 잇는데 이자성은 당시 고영상의 부장으로 슬슬 자신의 이름을 알리고 있었다. 1636년 고영상이 체포되고 북경으로 압송된 후 처형된다. 우두머리를 잃은 반군의 기세는 초라해진다. 부장급 지도자 중 장헌충과 나여재는 투항했고 이자성만 반란군의 명맥을 잇고 있었으나 1638년 관군과의 전투에서 참패하여 부하 17명만을 데리고 겨우 탈출한다. 사실상 반란의 맥이 끊긴 상황에서 이자성을 구원한 것은 여진족이었다. 같은 해 9월 여진족의 군대가 명나라 침공을 개시했고 승정제는 홍승주를 최고사령관으로 임명하여 1639년 출병시킨다. 명이 여진과의 싸움에 집중하는 동안 이자성 등 농민반란 지도자들은 하남으로 이동해 다시 세를 모을 시간을 벌게 된다. 민생의 파탄은 이자성군에게 고갈되지 않는 인력을 제공했다. 이 시기 이암, 송헌책 등 지식인 책사들이 이자성을 따라 나서면서 반란군은 예전과 수준이 달라진다. 국가 비슷하게 틀을 잡아나가면서 명의 대체 가능 세력으로 사람들에게 인지되기 시작한 것이다. 이들은 부패한 관료들을 처벌하고 관아의 재물과 곡식을 백성들에게 나누어주는가 하면 농민과 상인들에 대한 세금 면제를 약속하는 등 선심 공약을 남발해 농민들의 절대적인 지지를 얻는다.

여진족이라고 쓰긴 했지만 사실 그 당시 여진족은 금金이라는 국명을 쓰고 있었다. 익숙한 국명이다. 동북지방을 기반으로 한 아골타가 1115년 여진족을 통일하면서 세운 게 금나라다. 그로부터 470년이 지난 1583년 또 한 명의 걸출한 리더가 등장해 같은 이름의 나라를 세우니 누르하치였다(앞선 금과 헷갈리지 않게 후금이라고 부른다). 당시 만주 지역에 거주하던 이 속민들을 명나라는 건주위建州衛라고 불렀는데 이중 건주 좌위左衛 출신의 누르하치가 주변의 부족들을 통합하면서 슬슬 세를 불리기 시작한 것이다. 1601년 누르하치는 유명한 팔기八旗제도를 도입하면서 인구를 군사편제로 재편한다. 상호 간에 어떠한 공통분모도 없는 복수의 부족집단을 통합, 관리하기 위해서는 새로운 질서가 필요했기 때문이다. 팔기란 만주어로 구사gusa라고 하는 군단 여덟 개로 이루어진 군사 조직이다. 각 구사를 양황, 정황, 양백, 정백, 양홍, 정홍, 양람, 정람이라고 불렀는데 이들을 상징하는 깃발이 여덟 가지라서 그렇다(네 가지 색의 기를 다시 테두리의 유무로 구분하고 테두리가 있는 것을 양기, 없는 것을 정기라 칭함). 구사의 가장 기본이 니루다. 니루는 화살을 뜻하는 말로 성인 남자 300명을 1니루로 편성하고 5니루를 1잘란, 5잘란을 1구사라고 했다. 해서 1구사는 7,500명, 팔기는 도합 6만 명이 된다. 팔기에 속한 사람을 총칭해서 기인旗人이라고 불렀는데 만주, 몽골, 한족 등 세 민족을 중심으로 구성되고 주를 이룬 것은 만주족이었다. 기인은 관리나 병사로 공무에 종사하는 것 말고는, 농, 공, 상의 영리사업 참여가 금지였다. 일종의 엘리트 신분으로 각 기는 상호 독립적이고 기인은 자신이 속한 기의 우두머리에게만 충성을 다하는 구조다. 기의 우두머리 즉 족왕族王을 버일러라고 했고 여덟 명 버일러 중 또 우두머리를 한이라고 했는데 군장이나 군주를 뜻하는 말이다(칸과 같은 개념이며 발음도 실은 엇비슷하다). 1606년 당시 건주부는 누르하치와 동생인 슈르가치가 실권을 양분하고 있었고 1609년 누르하치가 단독으로 정권을 장악한다. 1616년 누르하치는 국호를 후금으로 정하고 명나라로부터 독립을 선언한다. 1618년 해서海西여진의 엽혁부를 제외하고 여진족 거의 전체를 지배하게 되는데 엽혁부가 명나라의 지원을 받고 있던 까닭에 누르하치는 명나라와 일전을 피할 수 없게 된다. 명나라는 양호를 총사령관으로 하여 엽혁부 세력과 조선군을 포함한 20만 대군을 금의 수도 하투알라로 파병한다. 병력의 열세에도 불구하고 누르하치의 군대는 특유의 기동성으로 연합군을 격파한다. 이후 명나라는 몇 차례 더 후금을 공격하지만 연전연패. 이번에는 기세가 오른 금이 명나라를 공격한다. 1626년의 산해관 전투다. 그러나 산해관에는 금에게 없는 무기가 있었으니 포르투갈에서 수입한 11문의 홍이포紅夷砲였다 이 전투에서 금은 처참하게 박살이 났고 누르하치는 이 전투에서 입은 부상 때문에 얼마 후 사망한다.

1626년으로 그의 나이 68세였다. 금이 자체적으로 대포를 생산하게 된 것은 그로부터 5년 후의 일이다. 1638년 금은 다시 명나라를 공격하기 시작했고 덕분에 이자성 세력은 괴멸 직전 가까스로 살아난다.

누르하치의 뒤를 이은 게 청태종, 숭덕제 홍타이지다. 병자호란과 삼전도의 치욕 때문에 우리와는 별로 감정이 좋지 않지만 그쪽 입장에서 보면 나라의 주춧돌을 놓은 명군이다. 홍타이지는 치세 10년 차인 1636년 황제를 칭하면서 나라 이름을 대청(만주어로는 다이칭 구룬)으로, 민족 이름을 여진에서 만주족으로 고친다. 홍타이지가 자신의 권력기반으로 삼은 것은 한족의 정치, 경제력과 몽골족 기마병의 기동성이었다. 그는 만, 몽, 한 세 민족으로 구성되는 체제를 강화하면서 팔기제를 팔기만주, 팔기몽골, 팔기한군의 형태로 정비한다. 1627년의 정묘호란으로 홍타이지는 우리와 안면을 튼다. 정묘호란은 인조반정 이후 금과의 외교파탄과 명나라를 치기 전 배후를 위협하는 조선을 진압하겠다는 홍타이지의 기본설계로 벌어진 전쟁이었다. 1627년 2월 23일 아민이 이끄는 금군 3만은 전왕인 광해군의 원수를 갚는다는 이상한 명분으로 조선을 침공한다. 병력은 3만여 명이었지만 특유의 기동력으로 보름 만에 황해도와 평안도 지역을 휩쓸고 3월 25일 화의교섭을 마친 후 철군하는데 조건은 명나라의 연호인 천계天啓를 쓰지 말 것과 왕자를 인질로 보낼 것 그리고 양국을 형제국으로 정할 것 등이었다. 1636년의 병자호란은 청태종에 대한 존중 요구가 받아들여지지 않자 벌어진 전쟁이다(양력으로 치면 1637년). 대청이 건국했으며 홍타이지가 황제에 올랐다는 사실을 통보했으나 명의 황제만을 황제로 여기던 조선이 반발한 것에 대한 일종의 버릇고치기 혹은 괘씸죄 단죄였던 것이다. 전쟁 개시를 한 겨울로 잡은 것은 기동력을 더 살리기 위한 것이었고 이에 순발력 있게 대처하지 못한 인조는 강화도가 아닌 남한산성으로 피신했다가 머리를 조아리는 굴욕을 맞본다. 아예 조선을 멸망시키는 것으로 전쟁의 방향이 흘러가지 않은 것은 조선과 청의 국력 차이가 압도적이지 않았으며 서둘러 강화를 한 것은 전쟁 중 발병한 천연두에 대한 공포 때문이라는 것이 통설이다. 강화조약을 맺고 홍타이지는 연회에서 인조를 옆에 앉히고 패자가 아닌 자신의 신하로 대했다. 항복 이후 조선은 명나라로부터 도와주지 못해서 미안하다는 황제의 서한을 받는다. 그러나 전쟁의 전개가 너무 빨라 돕고 싶어도 방법이 없었을 것이다.

전개가 빨랐다고 했는데 그럼 대체 어느 정도였을까. 9년 전 정묘호란 때의 기억을 홍타이지는 복기했다. 일단 안주와 평양을 점령한 것까지는 성공적이었다. 그러나 인조가 순발력 있게 강화도로 몽진하면서 일이 꼬이기 시작한다. 단기전은 물 건너가고 장기전으로 전환되자 홍타이지는 계속해서 전쟁을 고집할 수 없었다. 연락을 받고 달려온 조선군은 사방에서 죽어라 공격을 퍼부을 것이고 명나라는 청의 뒤를 후벼 팔 기회를 노리고 있다. 결국 화의를 맺고 철수할 수밖에 없었던 것이 정묘호란 때의 뼈아픈 기억이었다. 방법이 없을까 고민하던 홍타이지는 완전히 다른 작전을 구상하게 된다. 당시 조선은 안주와 영변을 국경 방어의 핵심 거점으로 구축했다. 전자는 적이 의주 방면으로 침공할 경우에 그리고 후자는 창성으로 침공할 경우 반드시 거쳐야 할 요지다. 이른바 기각지세掎角之勢로 이 경우 적이 안주 방면에서 쳐들어오면 영변이 안주를, 반대로 영변으로 쳐들어오면 안주가 영변을 구원할 수 있다. 양 진에서 침공을 저지하는 동안 조정은 강화도로 파천한다는 것이 조선의 나름 전략이었다. 이기는 게 아니라 안 지고 버티는 이 전략은 의외로 유구한 방책이다. 펠로폰네소스 전쟁 당시 스파르타가 쳐들어왔을 때 초기 아테네는 안 지는 방책으로 대응했다. 한니발이 알프스를 넘었을 때 로마는 역시 안 지는 전술로 이들의 힘을 뺐다. 이야기가 샜다. 무엇보다 강화도 파천은 단순한 조정의 피난이 아니다. 섬으로 옮기고 나면 바닷길을 통해 임금의 교지를 사방으로 내려보낼 수 있으니 전략 사령부의 이동이다. 팔도와 통신이 가능해지고 전쟁의 장기화가 가능해진다. 홍타이지는 조선의 방어 전략을 꿰뚫어 보았다. 이를 분쇄하기 위해 그가 구상한 전략은 '시차時差 진군'과 '양로兩路 병진'이었다. 이른바 홍타이지의 기동전이다.

시차 진군부터 보자. 12월 9일 300명의 청나라 선봉대가 얼어붙은 압록강을 넘는다. 이들의 목표는 전투가 아니라 최대한 빨리 한양에 도착해 인조의 강화도 파천을 막는 것이었다. 압록강에서 안주까지는 450리다. 이들은 이 거리를 이틀 만에 주파했다. 선봉대가 한양 북쪽에 도착한 것은 12월 14일이었다. 딱 엿새로 그 시간 동안 조선 조정이 상황을 파악할 수 있는 유일한 정보는 한양으로 보내지는 장계들뿐이었다. 장계는 급박했다. 12월 13일 청군이 순안까지 왔다는 장계가 들어온다. 12월 14일 청군이 봉산을 지났다는 장계가 들어온다. 곧이어 청군이 개성을 지났다는 장계가 들어온다. 장계가 도착하고 또 다음 장계가 조정에 들어오는 그 인터벌이 너무 짧았다. 조선 조정은 완전히 패닉 상태에 빠진다. 서둘러 종묘사직의 신주와 두 대군을 강화도로 보냈지만 정작 인조는 떠날 시간이 없었다. 여기서 궁금증이 생긴다. 대체 청군 300명이 지나는 동안 장계를 올린 사람들은 왜 보고만 있었을까. 후미를 추격해 따라잡는 게 맞다. 그러나 그럴 수가 없는 게 홍타이지가 서로군 병력을 교묘하게 시차를 두고 투입했기 때문이다. 300명의 선봉대를 출발시킨 다음 홍타이지는 1,000명의 병사를 이어 출발시켰다. 다음에는 역시 약간의 시차를 두고 3,000명을 내려보냈다. 다음에는 8,600명을 투입했고 해를 넘기자 또 1,000명 이어 10,000명 그리고 2,000명을 적당한 간격을 두고 출발시켰다. 한 떼가 지나가서 쫓으려 하면 또 내려오고 이를 추격하려 들면 또 새로운 병력이 내려오고 진군 행렬이 끝없이 이어진 것이다. 덕분에 조선 병사들은 그저 보고만 있을 수밖에 없었고 추격전을 포기한 채 완전히 발이 묶이게 된다. 시차를 두고 투입된 서로군의 한양 도착 날짜는 당연히 제각각이다. 12월 14일, 12월 16일, 12월 29일, 해 넘기고 1월 4일 그리고 1월 10일 등 모두 5차에 걸쳐 이들은 한양으로 진군을 마친다. 강화도를 포기한 인조는 남한산성으로 발길을 돌려야했고 얼마 안 가 치욕의 순간을 맞는다.

그러면 창성과 영변의 방어병력은 대체 뭘하고 있었을까. 그들 역시 발이 묶이긴 마찬가지였다. 양로병진으로 홍타이지는 서로西路군을 시차 진군시키는 동시에 동로東路군을 발진했다. 별도로 창성, 영변 방면으로 병력을 내려보낸 것인데 조선의 성들을 무작정 통과한 서로군과 달리 동로군은 대규모 병력으로 제대로 전투를 벌이며 진격했다. 이들과 싸우느라 창성, 영변의 병력은 의주, 안주 쪽을 돌아볼 여력이 없었다. 사전에 구상했던 기각지세가 완전히 그리고 완벽하게 무너진 것이다. 동로군 8,500명이 한양에 도착한 것은 1637년 1월 10일이었다. 시차 진군과 양로 병진으로 조선 조정은 아무런 대응도 하지 못한 채 홍타이지의 전쟁계획안에서 놀게 된다. 조선을 무력화시킨 홍타이지는 다시 명나라에 집중한다.

1641년 명나라는 청나라와의 명운을 건 송산 전투에서 참혹하게 도륙당했고 이 패배로 명나라는 13만 병력 중 절반 가까운 인원이 전사하면서 대규모 야전에서 능력을 완전히 상실하게 된다. 기다렸다는 듯 같은 해부터 농민 반란군의 공세가 거칠어진다. 명나라에 투항했다가 빠져나와 세를 불린 장헌충은 호북성 최대의 요충지인 양양을 함락하고 양왕 주익명을 죽였다. 같은 해 이자성은 낙양을 점령하는데 이때 복왕 주상순을 삶아 죽인다. 명 황실 친왕 2명이 반란군에 잡혀 죽은 것은 명나라 멸망의 신호탄이었다. 1642년 개봉을 점령한 이자성은 군대를 이끌고 북상하기 시작했고 1644년에는 서안을 함락하여 이곳을 수도로 삼아 대순大順 건국을 선포한다. 호칭은 당연히 황제. 명 황실이 군사적으로 맞대응을 하지 못했던 이유는 그나마 남은 병력이 청을 막기 위해 산해관에 묶여있었기 때문이다. 산해관은 만리장성의 관문 중 하나로 일찍이 수, 당나라 시절부터 전략적 요충지였다. 1381년 명나라는 관문을 개축한 뒤 군사 도시로 개편하고 그 위치가 산과 바다 사이라 하여 산해관이라 부르기 시작했다. 명나라 후기에 이르러 방어기지로서의 산해관은 더욱 중요해진다. 청군이 명으로 들어가려면 산해관을 통과하는 것 말고는 뾰족한 방법이 없었기 때문이다. 한쪽은 바다라 해군 없이는 돌파가 불가능하다. 다른 한쪽은 산악 지대에 난공불락의 관문들이 몰려 있어 역시 쉽지 않다. 마지막으로 오르도스(만리장성 위쪽)로 우회하는 방법도 있지만 이 경우 보급로가 길어지는 단점이 있다. 청의 골칫거리였던 산해관은 명나라의 마지막 명줄이었던 셈이다. 아이러니한 일이 벌어진다. 1638년 궤멸 직전 이자성을 살린 게 청나라였다면 이번에 반대로 이자성이 청나라를 살린다. 1644년 4월 이자성은 북경을 점령하고 숭정제는 자살로 삶을 마감한다. 이자성은 급하게 산해관으로 사람을 파견한다. 산해관이 뚫리고 청군이 진군하면 자신의 북경 점령도 의미가 없어진다. 어떻게든 산해관 경비 세력을 회유할 생각이었지만 그러나 산해관을 지키고 있던 오삼계는 이자성의 생각대로 움직여주지 않았다. 오삼계에게 청나라는 적국이고 이자성은 충성을 바쳐야 할 명나라를 멸망시킨 반군이었다. 상황은 급박했다. 동북에서는 1643년 사망한 홍타이지를 이어 3대 황제로 즉위한 순치제의 섭정이었던 도르곤이, 북경에서는 이자성의 군대가 몰려오는 상황에서 오삼계는 청나라에 투항해버린다. 명나라의 원수인 이자성을 토벌한다는 게 명분이었다. 결국 도르곤의 군대는 그토록 함락하고 싶었던 산해관에 무혈입성하고 이어 오삼계의 군대와 함께 북경을 점령한다. 대순의 황제를 자칭하던 이자성은 북경 입성 40일 만에 쫓겨나고 이듬해 39세의 나이로 삶을 마감한다. 산해관을 열어준 공로로 오삼계는 운남성의 왕인 평서왕으로 봉해진다. 또 다른 한족 협력자인 상지신과 경정충도 번국 왕 자리에 오른다. 명나라와 청나라에서 연이어 벼슬을 한 신하를 두 나라를 섬겼다하여 이신貳臣이라고 하는데 오삼계는 그 타이틀에 더해 두 왕조 모두에게 원수가 되는 특이한 경력을 하나 더 얻는다. 나중에 청나라에 반기를 들고 청나라 초창기의 가장 큰 반란인 삼번의 난을 일으켰기 때문이다. 명에게는 매국노, 청에게는 역신逆臣으로 기록된 인물이 바로 오삼계다.

　중국사에는 수도가 함락된 후 멸망한 왕조를 강남에서 부활시킨 동진, 남송의 선례가 있다. 명나라 역시 남쪽으로 내려와 왕조의 부활을 꿈꿨는데 이들 세력을 통칭해 남명南明이라 한다. 그러나 남명은 세력 결집에 실패해 여러 황제가 난립했고 내부 분열을 통제하지 못해 앞의 두 왕조와는 달리 허무하게 몰락했다. 남명도 과거 동진과 남송처럼 장강에 방어선을 치고 청나라의 남진을 저지할 계획이었다. 북방 출신으로 수전에 약한 청군이 장강을 건너 화남 지방으로 침공을 하는 것은 쉽지 않은 일이었기 때문이다. 그러나 북경 함락 뒤 겨우 1년 만인 1645년 4월 남경마저 청군의 손에 떨어진다. 1645년에 당시 남명은 장강 곳곳에 나름대로 병력을 배치한 상태였지만 내부 반란을 막기 위해 툭하면 병력들을 소환했고 청군이 이런 시시한 방어선을 뚫지 못할 리가 없었다. 이름을 다 기억할 필요도 없는 황제들이지만 홍광제가 몰락한 이후 융무제, 영력제가 족족 청군에 패했고 1659년 영력제는 미얀마로 도주했으나 1662년 미얀마가 영력제를 오삼계에게 넘겨주는 것으로 남명의 잔존세력은 완전히 사라진다.

14.
약진하는 대청제국

명나라는 청나라가 멸망시킨 게 아니다. 명나라를 멸망시킨 것은 이자성이었고 청나라는 다 된 밥에 숟가락만 얹었다. 청나라는 중국 혹은 명나라를 정복했다고도 하지 않았다. 명조를 무너뜨린 이자성을 공격하고 명의 원수를 갚는다는 대의명분을 내세워 북경에 입성했다. 만주족의 나라 대청제국이 중국 황제를 겸하는 형식이었다. 청조는 중국 전체를 지배한 최후의 전제 왕조이자 영토를 대만, 내·외몽골, 신강, 티베트까지 넓혀 중국 역사상 최대의 강역을 달성한 왕조이기도 하다. 청조의 출발은 1616년 여진을 통일한 누르하치다. 누르하치는 자신이 세운 나라의 이름을 금金을 뜻하는 '아이신'이라 했으며 해서 우리는 이들을 후금後金이라고 부른다. 1626년 누르하치가 세상을 뜨고 그의 여덟 번째 아들 홍타이지가 즉위한다. 1636년 그는 만·몽·한 3족의 추대를 받아 대청제국 황제에 오르면서 나라 이름을 청淸으로 바꿨는데 일설에는 불을 뜻하는 명조明朝를 제압하기 위해 물 수변이 들어간 청을 골랐다고도 한다. 1643년 홍타이지가 급사하면서 대청제국은 후계자 문제를 놓고 혼란에 빠진다. 만주족의 전통에는 생전에 후계자를 결정하는 관습이 없었고 자신의 아들을 황태자로 올리는 경우 역시 없었기 때문이다. 황제 자리를 놓고 자칫하면 내전이 벌어질 상황이 펼쳐진다. 누르하치의 아들 중에서도 여럿이 살아있었고 홍타이지의 아들은 무려 11명이었기 때문이다(아버지보다 먼저 죽은 자식이 셋이라 실제로는 여덟). 이때 당시 5살이던 홍타이지의 아홉 번째 아들 풀린을 3대 순치제로 즉위시키면서 사태를 수습한 것이 누르하치의 열네 번째 아들 예친왕 도르곤이었다. 치세 초기 7년 동안 도르곤이 섭정왕이 되어 청나라를 다스렸다. 오늘날 순치제는 중원을 통일하고 청나라를 중국 통일 왕조로 만든 황제로 서술되어 있지만 사실 그의 업적은 모두 도르곤이 한 일이다. 순치제는 도르곤을 매우 증오하여 도르곤이 죽은 후 그를 부관참시했다. 이듬 해 명조가 멸망하고 청조는 북경으로 천도한다. 1661년 4대 황제 강희제가 즉위한다. 강희제는 청조에서는 처음으로 북경에서 태어나 반*중국식 이름을 가진 황제였다. 유목민족에게는 '황금씨족'이라는 게 있다. 여기서만 지도자가 나온다. 칭기즈 칸의 몽골제국은 '보르지긴', 청나라는 '아이신기로오'가 황금씨족이다 그러니까 아이신기로오가 성이 되어 예를 들면 '아이신기로오 홍타이지'라는 이름이 만들어진다. 그러나 강희제의 이름은 '아이신기로오 현엽愛新覺羅 玄燁'이었다. 성은 만주어, 이름은 중국어인 황제가 탄생한 것이다. 즉위 당시 8살의 어린 나이였던 강희제는 61년이란 긴 세월 동안 청나라를 통치했다. 청나라 존속 기간 270년 중 무려 5분의 1이 그의 시대였다. 길었으나 무능했으면 그 시기 청나라는 지옥이었을 것이다. 그러나 그는 무지막지할 정도로 학구적이었으며(선교사들로부터 수학, 기하학, 의학, 화학, 물리학, 라틴어, 서양 음악 이론을 배웠다. 그것도 좋아서) 자신에게는 가을날의 서릿발처럼 엄격하고 남에게는 봄바람과 같이 부드럽게 대하자는 자기추상대인춘풍自己秋霜 對人春風의 수양으로 스스로를 통제했다. 그의 재임 시기인 1715년 사형집행자 수는 15명이었다. 만주와 하북, 중원, 강남, 내몽골, 대만의 최소 1억 명 인구 중 겨우 이 정도 숫자의 사형 집행이 이루어졌는데 비슷한 시기 유럽의 전제 왕조들을 보면 이것은 거의 기적이거나 통치자가 부처였다는 얘기다. 강희제는 사형 집행 윤허 서류가 올라오면 여러 번 읽고 어떻게든 사형을 면하게 하려 노력했다. 자신의 서명 한 줄에 사람의 목숨이 달렸다는 사실을 무겁게 여겼던 것이다. 중국 내지 통일을 달성하고 청조의 기초를 다졌으며 중국 역사상 처음으로 유럽 국가인 러시아와 국경 확정 조약인 네르친스크 조약을 체결한 것도 이 사람이다(청나라에게는 유일하게 승리한 조약). 강희제의 대외 원정 중 최대 업적은 준가르 왕국의 복속이다. 북원北元 이후 인류 역사 최후의 유목 제국인 준가르의 지도자 갈단을 붙잡기 위해 강희제는 네 번이나 친정親征에 나섰다. 중국 황제가 다른 민족을 정벌하기 위해 네 차례나 직접 나선 것은 유례가 없는 일이다. 준가르는 오늘날의 신장新疆, 몽골, 시베리아 일부까지 영향력을 미치며 청나라와 러시아를 위협하던 세력이었다. 준가르의 복속으로 청나라의 세상을 보는 눈은 더 넓어졌고 상상력은 더 풍부해졌다. 보통은 유목 민족의 쇠퇴가 화약의 확산과 중앙아시아 대상 무역의 이동 때문에 16세기에 끝났다고 생각한다. 그러나 준가르는 18세기 중반까지도 맥을 이어가며 청나라와 맞섰다. 준가르 하나 때문에 유목 민족의 역사는 2세기 가까이 길어진 셈이다.

강희제는 한자 자전인 「강희자전」을 편찬하면서 만주 황실에서 중국어 사용을 허가한다. 이때부터 본격적인 만주족의 한화漢化가 이루어지는데 만주어와 중국어 모두에 능통했던 그는 모든 공문서를 만주어와 중국어 둘로 작성하게 했다. 한족 지식인의 등용이 자연스럽게 이루어졌으며 이는 백만의 만주족이 그 백배가 넘는 한족을 회유하기 위한 최상의 방법론이었다. 특히 세금제도는 만주족이 중국을 지배한 핵심이었는데 이른바 지정은地丁銀제다. 지정은제는 장정에게 부과되는 정세丁稅를 지세에 합해 지세地稅만 납부하게 한 은본위제 조세제도다. 세금 얘기라서 재미없을 것 같지만 이게 또 묘미다. 이전의 명나라는 인두세와 토지세를 거두었다. 인두세는 인간이 살아있는 한 피할 수 없는 세금이다. 궁핍한 생활로 세금을 감당할 수 없었던 백성들은 호적에 가족의 이름을 올리지 않았다. 살아있으나 존재하지는 않는 이런 사람들이 실제 인구의 70% 가까이 되었다. 호적에 정식으로 오른 명나라 시대의 인구는 6천만 명이었으니 실제로는 그 네 배 가까운 인구가 존재했던 셈이다. 1713년 강희제는 인구조사를 실시했지만 백성들의 호응은 신통찮았다. 속이 빤히 보이는 인구조사에 응할 정도로 중국 농민들은 바보가 아니다. 이 대목에서 강희제는 과감하게 인두세 폐지를 선언한다. 인두세 폐지로 백성들은 인구 조사에 순순히 응했고 18세기 후반 중국 인구는 공식적으로 3억 명이 된다. 인두세를 폐지하면 당연히 세수가 준다. 강희제는 이를 토지세로 충당했다. 그럼 반발이 심하지 않겠냐고? 대토지를 소유한 한족 호족들은 청나라가 자신들의 토지를 모두 몰수 할 줄 알았다. 그런데 토지세를 걷겠다니 이는 자신들의 토지 소유권을 인정해 준다는 의미나 다름없었던 것이다. 해서 호족들은 토 달지 않고 토지세를 냈고 토지가 없는 사람은 자연히 면제니 나쁠 사람이 없었다. 여기에는 강희제의 또 하나의 노림수가 있었다. 압도적인 숫자의 한족들을 데리고 살아야 하는 청나라의 입장에서는 어디에 얼마나 한족이 살고 있는지 정확히 파악을 해야만 했다. 해당 지역의 인구를 정확히 측량하지 못하면 혹시나 발생할 수도 있는 반란에 적절히 대응할 수 없었기 때문이다.

뒤를 이은 5대 옹정제 역시 명군이었다. 강희제의 넷째 아들로 청의 전성기를 이끌었다. 심각한 일중독이었고(평균 수면 시간 4시간. 문제는 이 과로를 신하들에게도 강요했다는 것) 아버지 강희제의 업적이 대략 문무 균형이었던 비해 옹정제는 문치文治에 비중을 두었다. 쉽게 말해 내정에 충실했다는 이야기이고 행정력 강화에 힘썼다는 얘기다. 군기처 설치가 대표적인데 옹정제는 관리들의 관리管理를 위해 군기처라는 황제 전용 통신망 전담 부서를 만들었다. 이들은 황제 집무실 근처에서 숙직하며 필요할 때마다 바로바로 사안에 대응하는 것으로 행정의 지루함을 극복하고 신속함과 효율성을 추구할 수 있었다. 재위 기간은 13년으로 다소 짧은데 강희제의 치세가 워낙 길어 1722년 즉위했을 때 이미 45세였기 때문이다. 옹정제를 이은 6대 건륭제는 강희, 옹정에서 이어지는 청나라 절정기의 마지막 주자다. 건륭제는 아버지인 옹정제와 달리 무력武力 구사에 탁월했다. 치세 동안 10회나 원정을 떠났으며 1759년에는 동東터키스탄을 정복하여 신장이라 이름 붙였다(신강新疆은 말 그대로 새로운 영토라는 뜻이다. 신강의 면적은 만주와 맞먹는다). 제국의 영토는 최대 규모에 달했고 현재 중국은 그 영역을 그대로 이어받은 상태다. 다만 정복 전쟁을 위한 막대한 군비는 나중에 청나라 국가 재정에 부담이 된다. 건륭제 시기는 대청제국이 세계 제국의 수준에 도달했던 시기다. 베르사유 궁전을

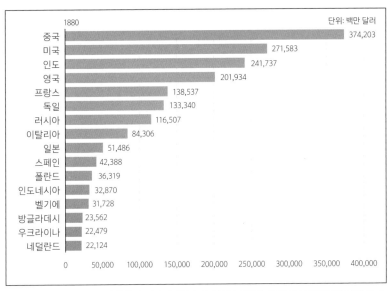

		1880						단위: 백만 달러

중국 374,203
미국 271,583
인도 241,737
영국 201,934
프랑스 138,537
독일 133,340
러시아 116,507
이탈리아 84,306
일본 51,486
스페인 42,388
폴란드 36,319
인도네시아 32,870
벨기에 31,728
방글라데시 23,562
우크라이나 22,479
네덜란드 22,124

0 50,000 100,000 150,000 200,000 250,000 300,000 350,000 400,000

건륭제 사망 직후인 1800년 중국의 어마어마한 GDP. 물론 농업생산력이 중심이었기 때문에 이 수치는 금방 무의미하게 된다.

모방했다고 알려진, 전통 중국식 건축물과는 확연히 다른 유럽식 건물들이 지어졌으며 곳곳에 큰 분수를 배치하여 색다른 아름다움을 구현했다. 원음관遠音觀은 장춘원 북쪽 일대 넓은 지역에 세워졌는데 르네상스, 바로크, 로코코 양식이 융합된 이궁離宮이었다. 건륭제는 중국 역사상 최초로 자의에 의해 퇴위한 황제다. 조부인 강희제의 61년 치세라는 대기록을 깨지 않기 위하여 1795년 재위 60년 만에 퇴위했는데 그러고도 강희, 옹정, 건륭의 3대 동안 134년이라는 놀라운 기록을 남겼다(일부에서는 퇴위 이후에도 건륭제가 실권을 쥐었음을 이유로 황제 60년에 상황 4년을 더해 64년으로서 그의 치세를 주장하기도 한다). 청나라의 번영은 이때까지였다. 건륭제의 아들인 가경제부터 청나라는 쇠퇴 양상을 보인다. 그 징후는 민란이다. 가경제 때에 백련교도의 난이 발생했고 도광제 때에는 아편전쟁으로 열강에 치이기 시작했으며 함풍제 시대에는 태평천국의 난이 발생했다. 이후 반*식민지라는 치욕스러운 길을 걸었으며 서태후가 동치제와 광서제를 조종하며 초장기 섭정 기록을 달성한 끝에 12대인 마지막 황제 부의를 끝으로 청나라는 막을 내린다. 1912년의 일로 우리는 그 사건을 '신해혁명'이라 부른다.

15.
슬픈 땅 티베트

  슬픈 땅. 남의 나라, 남의 민족에게 이런 수식어를 붙이는 것은 실례다. 그러나 근, 현대에 들어서면서 그 민족이 겪었던 일을 생각하면 그 표현 말고는 다른 것이 떠오르지 않는다. 슬픈 땅 티베트에도 전성기는 있었다. 7세기 무렵 토번 왕국 시절이다.

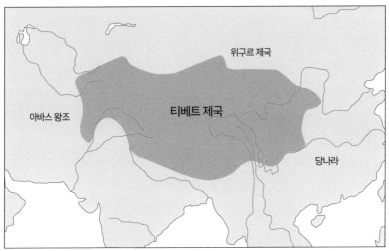

기원후 800년 무렵의 티베트 제국 영토. 왼쪽으로 아바스 왕조, 위로 위구르 제국, 오른쪽으로 당나라가 보인다.

640년 겨울 토번 왕국의 사신 가르통첸이 당나라 수도 장안에 도착한다. 토번의 왕인 송첸 감포의 신붓감을 요청하기 위한 것이었는데 바로 당태종의 딸을 달라는 요구였다. 싫다고 거절할 수 있는 문제가 아니다. 당시 토번의 왕인 송첸 감포는 마음만 먹으면 당나라를 심각하게 위협할 수 있는 존재였고 결국 당태종은 문성공주를 시집보내기로 한다(송첸 감포는 티베트를 통일한 걸출한 전사다). 주변 이민족에게 공주를 부인으로 주고 우호 관계를 맺는 고전적인 방식으로 이를 화번공주라고 한다. 화번공주로 뽑힌 문성공주는 그러나 당태종의 친딸은 아니었다. 이렇게 속여도 되냐고? 된다. 이민족들의 왕은 알면서도 당나라의 가짜 공주를 데려갔다. 과시용이자 자기가 당나라에 그 정도 요청을 할 수 있으며 당나라가 이를 거절하지 못한다는 것을 사방에 알리는 상징적인 외교 이벤트였기 때문이다. 문성공주는 641년 장안을 출발했고 송첸 감포는 수도인 라싸에서 티베트 고원을 가로질러 황하의 원류가 있는 백해까지 친히 나와 문성공주를 맞이했다. 진짜 공주든 아니든 송첸 감포는 문성공주가 마음에 들었던 모양이다. 문성공주가 얼굴에 적토를 바르는 '자면의 풍습'에 기겁을 하자 이를 폐지했고 이후 친당정책을 펴면서 당나라가 인도에 사신을 파견하는 것을 도와주기도 했다. 문성공주는 당나라에서 들여온 불상을 안치할 사원을 지었는데 그게 라싸에 있는 라모체 사원이다. 라싸에는 라모체 사원 말고도 유명한 사원이 하나 더 있다. 조캉 사원이다. 조캉 사원은 송첸 감포의 또 다른 부인인 네팔의 적존공주(브리쿠비 데비)가 지은 것이다. 적존공주는 문성공주보다 몇 해 먼저 토번 왕국에 시집온 인물이다. 현재 라모체 사원과 조캉 사원에 있는 불상은 서로 바뀐 상태다. 송첸 감포 사후 중국의 군대가 침공하자 이들이 불상을 부숴버릴까 봐 둘을 바꿔 놓은 것이다. 해서 현재 문성공주가 가져온 불상은 조캉 사원에 모셔져 있으며 지금도 티베트인에게 가장 신성한 것으로 여겨진다. 불상이 석가모니 생전에 만들어져 석가모니로부터 직접 축복을 받았다고 믿는 까닭이다. 보통은 이렇게 알려져 있으나 역사적 사실은 이와 조금 다르다. 송첸 감포가 당나라에 요청한 것은 자신이 아니라 아들인 궁송 궁첸의 아내, 즉 며느리였다. 아들이 643년 낙마사고로 사망하자 공주는 남편을 추모하기 위해 당나라에 불상을 부탁했고 646년 불상이 도착하자 라모체 사원을 지은 것이다. 송첸 감포는 미망인이 된 며느리를 아내로 맞았다. 형이 죽으면 동생이 형수를 취하는 형사취수제兄死娶嫂는 이렇게도 응용이 되는 모양이다. 그러니까 적존공주와 문성공주는 처음에는 시어머니, 며느리 사이였다가 사이좋게 왕후가 된 셈이다. 649년 송첸 감포가 사망하면서 토번과 당나라의 밀월 관계는 끝난다. 송첸 감포 사후 가르 통첸의 가르 가문이 권력을 주물렀고 이 가르 가문이 대외적으로 실력을 과시하기 위해 당나라의 안서 4진을 함락시켜 버린 것이다. 당나라는 반격을 가했지만 토번 왕조의 군사력에 밀려 별 성과를 얻지 못한다. 699년 가르 가문이 몰락하고 치둑 송첸이 집권한다. 710년 치둑 송첸이 군주인 티데 축첸과 금성공주와 혼인을 요청하면서 일시적인 화평을 되찾았지만 715년경부터 당나라가 토번에 대공세를 가하면서 양국 관계는 다시 적대적으로 변한다. 고선지의 토번 원정은 그 절정으로 이때 토번은 당나라에 대한 영향력 대부분을 상실한다. 그러나 고선지가 탈라스 전투에서 아바스에게 패하면서 토번은 기세를 회복한다. 토번의 체력은 8세기 후반 더욱 좋아져 파키스탄 북부와 네팔, 인도 북부와 벵골과 방글라데시를 점령했고 중국의 감숙성(간쑤성)과 사천(쓰촨)까지 그 영역을 확대한다. 실크로드를 완전히 장악한 것이다. 763년 당나라가 안녹산의 난으로 정신을 못 차리자 토번은 공물을 보내지 않았다며 20만 대군으로 장안을 점령하는 등 위세를 떨친다. 그러나 791년 위구르에게 패하면서 조금씩 영향력이 줄어들었고 아바스 왕조와의 대결에 국력을 과다하게 소모한 끝에 결국 820년 당나라와 협정을 맺어 국경선을 확정함으로써 분쟁을 종식시킨다. 토번은 9세기 이후 마지막 왕인 랑다르마가 암살당하면서 붕괴한다. 암살 후 두 아들 사이에 내전이 발생했으며 이것이 치명타가 되어 토번 왕국은 9대 229년 만에 문을 닫는다. 왕국은 여러 세력으로 분열되었고 주변 강국들에게 조공을 바치는 처지로 전락한다.

티베트와 원나라의 인연은 쿠빌라이 시기부터다. 쿠빌라이는 티베트 출신의 라마승인 팍파를 알게 되는데 그는 당시 19세의 이 젊은 승려에게서 깊은 인상을 받았다(라마교는 불교가 티베트에 들어와 변형된 종교로 라마는 산스크리트어로 구루, 즉 스승을 일컫는 단어이다. 해서 라마교는 틀린 명칭이다. 단지 라마승이 있을 뿐이다). 그도 그럴 것이 티베트에서 라마 소리를 들으려면 전생을 기억하는 수준의 능력을 가져야 하며 팍파는 이미 그런 신통한 능력을 검증받은 인물이었기 때문이다. 1260년 쿠빌라이는 팍파를 제국의 스승인 제사帝師로 삼고 옥으로 만든 도장을 선물한다. 불교의 높은 종교적 어른으로 인정하는 동시에 모든 종교에 대한 감독권을 일임한 것이다. 군신 관계가 아닌 세속의 군주와 그의 보호와 존경을 받는 종교 지도자와의 관계가 된 팍파의 지위는 이후 원나라 조정에서 누구도 함부로 할 수 없는 것이 된다. 팍파는 심지어 쿠빌라이에게 자기를 만날 때마다 절을 하고 자기보다 낮은 자리에 앉으라는 요구까지 했다. 쿠빌라이는 사적인 자리에서는 그리 하겠으나 공적인 자리에서는 불가하다며 선을 그었다. 원이 무너지면서 티베트는 중국의 관심사에서 멀어진다. 명은 대외적으로 영향력을 행사하는 일에 별 매력을 느끼지 못했고 당연히 티베트를 자신들의 영향권 아래 두려고 하지도 않았다. 팍파가 죽고 난 뒤에도 거의 1백년 가까이 제사를 독점하는 지위를 누렸던 그의 교단 사캬파의 영향력은 차츰 감소하기 시작한다. 여러 교단들이 경쟁을 벌이는 가운데 두각을 나타낸 것이 켈룩파라는 교단이었다.

토곤 테무르라는 이름을 기억해 보자. 원나라의 마지막 황제로 상도 북쪽의 응창이란 곳에서 사망한 인물이다. 명나라 장군 이문충은 황제 사후 혼란기를 틈타 응창을 공격한다. 국상國喪服 중이라 슬픔에 젖어있던 몽골인들은 고스란히 포로가 되었고 나중에 북원의 2대 황제가 되는 황태자 아유시리다라만이 호위병 수십 기를 대동하여 탈출에 성공한다. 아유시리다라는 토곤 테무르가 황제에 오른 직후 궁녀로 발탁된 고려 여인 기씨의 아들이다. 기씨는 영리하고 아름다워 토곤 테무르의 사랑을 독차지했으며 나중에는 정치에도 관여한 인물로 알려져 있다. 고비 사막을 넘어 지금의 외몽골 지역까지 도망쳤던 아유시리다라는 북몽골에서 빌릭 투 칸(현명한 칸이라는 뜻)이라는 이름으로 즉위하고 세력을 규합하기 시작한다. 유목 민족의 특성상 리더가 나오면 순식간에 세가 불어나는 것을 알고 있던 주원장은 1372년 15만의 군사로 북몽골 토벌을 명령한다. 그러나 3군으로 나누어 진격했던 토벌군은 큰 성과 없이 귀환했고 아유시리다라에 대한 기록은 이쯤에서 사라진다. 보통은 1378년 사망한 것으로 추정한다. 1388년 홍무제는 다시 한번 토벌군을 파병한다. 파병은 성공적이었고 수많은 몽골 귀족들이 생포되는 가운데 북몽골의 군대는 괴멸된다. 홍무제의 아들을 내쫓고 황제 자리에 오른 영락제는 1410년부터 대대적인 원정을 감행한다. 복몽골도 영락제의 타깃이 되었음은 물론이다. 1424년 영락제가 사망하지만 그의 원정으로 인한 북몽골의 피해는 이만저만이 아니었다. 쪼개지고 뿔뿔이 흩어진 끝에 북몽골은 동서로 나뉘어 갈등하는 처지가 된다.

영락제 이후 북몽골에 대한 원정 열기는 시들해지고 북몽골은 다시 통일의 길을 모색한다. 이때 이들이 통일의 방법으로 고른 것이 이념의 통합이었고 티베트 불교로 개종하는 방향으로 통일의 가닥이 잡힌다. 1578년 중국 청해성에 있는 호수 근처 차브치알에서 몽골과 티베트의 운명을 바꾸는 회담이 열린다. 전全몽골 유목민들의 지도자인 알탄 칸과 티베트 불교 교단의 대표 승려이자 겔룩파였던 소남 갸초가 만난 것이다(겔룩파格魯派는 티베트 불교 종파 중 하나로 1409년 총카빠가 창시했다. 황교黃教라고도 하는데 우리나라 조계종처럼 티베트 불교의 주류라고 보면 된다). 10여만 명의 승려와 일반인들이 참석하여 지켜봤다는 이 회동에서 몽골인들은 티베트 불교를 받아들이기로 하고 알탄 칸은 법령을 선포하여 이를 명시한다. 이 자리에서 소남 갸초가 받은 칭호가 그 유명한 '달라이 라마'다. 달라이는 몽골어로 바다, 티베트어 라마는 구루 즉 스승으로 바다와 같은 지혜를 가진 스승이라는 의미다. 이렇게 해서 소남 갸초는 역사상 최초의 달라이 라마가 된다(참고로 티베트어로 바다를 뜻하는 것이 갸초). 그는 이 칭호를 수여받으면서 이미 사망한 두 사람을 1대와 2대로 추존했고 스스로는 3대 달라이 라마로 칭했다(1대 달라이 라마는 겔룩파 창시자인 총카파의 제자). 추존의 이유는 자신이 그 두 사람의 환생이라고 생각했기 때문이다.

환생還生은 윤회라는 말과 함께 자주 쓰이며 일부 다른 종교에도 등장하는데 라마교 신자들은 달라이 라마가 죽어도 환생해서 돌아온다는 생각을 가지고 있다. 우리에게도 잘 알려진 현재의 제14대 달라이 라마 텐진 갸초는 13대가 사망한 2년 후인 1935년에 태어났다. 전임자의 유언이 '앞에 호수가 있는 하얀색 집'이었다. 라마들은 암도 지방에서 문제의 집을 찾아냈고 그 집에 사는 라모 돈드럽이라는 아이에게 몇 가지 테스트를 한 후 아이를 14대로 확정했다. 테스트 항목 중에는 전임자가 쓰던 물건과 아닌 물건을 같이 놓고 고르는 것도 있다고 하는데 라모 돈드럽은 이를 정확하게 가려냈으며 심지어 자신을 찾아온 라마들의 이름을 다 알고 있었다고 한다. 궁금증이 생긴다. 그렇다면 초대 달라이 라마 소남 갸초와 14대 달라이 라마 텐진 갸초는 같은 인물인가. 둘의 몸만 다를 뿐 영혼은 같다고 생각하기 쉬운데 이때 환생의 주체는 영혼이 아니라 '끊임없이 변화하는 의식의 흐름'이다. 의식은 끊임없이 변화하는 까닭에 불변의 실체는 없지만 일종의 경향성, 연속성은 존재한다는 뜻이고 초대 달라이 라마와 제14대 달라이 라마는 동일성은 없지만 연속성은 있다는 얘기다. 참고로 달라이 라마는 순수한 종교 지도자의 의미만을 가지는 것이 아니다. 가톨릭으로 치면 황제+교황인데 세속과 영성을 두루 다스리는 위치다. 성립 초기에는 정치와 정교를 총괄했지만 현재는 세속은 총리에게 넘겨주고 종교 지도자의 위상만 가지고 있다. 해서 영어 호칭도 성하(His Holiness).

알탄 칸이 주도한 개종의 물결은 전 몽골 사회로 퍼져나갔고 초원 곳곳에 사원이 들어서는 등 갑자기 불교의 전성시대가 열린다. 종교에 대한 몽골인들의 집중력은 대단했다. 그들은 수백 년 내려온 성품을 바꿔 활 대신 불경을 손에 들었고 난폭했던 심성을 종교의 이름으로 얌전하게 다듬었다. 한때 내몽골 남자 인구의 50% 이상이 승려였다고 하니 일종의 사회적 질병에 가까웠다고 봐야겠다. 몽골인들의 지지를 받은 겔룩파는 더욱 세력 확장에 박차를 가했고 5대 달라이 라마 때에는 전체 불교 교단을 통일한다.

1682년 5대 달라이 라마가 세상을 떠난다. 그는 죽기 몇 해 전에 27세의 상게 갸초라는 인물을 자신의 섭정으로 임명했는데 그의 아들이라는 설이 유력하다. 상게 갸초는 달라이 라마의 죽음을 사람들에게 바로 알리지 않았다. 그는 달라이 라마가 독방에서 명상을 하기 위해 무기한 칩거에 들어갔다고 발표했고 가짜 달라이 라마를 세워 대신 수행을 시켰다. 그러면서 상게 갸초는 5대 달라이 라마의 환생을 찾기 위해 티베트 각지를 뒤졌다. 마침내 한 작은 마을에서 세 살짜리 아이를 찾아낸 상게 갸초는 몇 개의 테스트를 한 후 아이가 달라이 라마의 환생임을 확인했고 아이에게 필요한 교육을 시키기 시작한다. 상게 갸초가 사람들을 속인 기간은 무려 15년이었다. 한 사람을 영원히 속이는 것과 여러 사람을 잠시 속이는 것은 가능하지만 여러 사람을 영원히 속이는 것은 불가능하다고 했다. 결국 들통이 났고 1697년 상게 갸초는 15년이나 지각으로 달라이 라마의 사망 사실을 털어놓는다. 이유에 대해서는 여러 가지로 둘러댔겠지만 결국 속셈은 섭정으로서 자신의 지위를 유지하기 위한 것이 아니겠는가. 그 사이 상게 갸초가 몰래 양육해 온 아이는 15살이 되었고 6대 달라이 라마로 즉위하니 바로 창양 갸초다.

그 시기 티베트 외부의 강자는 셋이었다. 대청 제국의 강희제, 서몽골의 호쇼트 부족 그리고 준가르의 갈단이라는 군주였다. 상게 갸초는 호쇼트 부족과 대립각을 세우고 있었고 대안으로 자신의 뒷배로 삼기 위해 공을 들인 인물이 준가르의 갈단이었는데 갈단이 강희제에게 두들겨 맞고 사망하는 바람에 계획에 차질이 생긴다. 그 사이 호쇼트 부족과의 갈등은 더욱 심해졌고 1705년 상게 갸초는 호쇼트 부족의 수령인 라짱 칸에게 피살되는 것으로 생을 마감한다. 준가르의 갈단과 상게 갸초의 죽음으로 티베트에서의 호쇼트 부족의 입지는 강화된다. 갈단의 뒤를 이은 그의 조카는 호쇼트 부족과 청나라에 대해 적대적이었다. 당시 몽골인들과 티베트인들에게 달라이 라마의 존재는 엄청난 종교적 권위를 지니고 있었고 혹시라도 갈단의 조카가 6대 달라이 라마와 손을 잡으면 청나라와 호쇼트 부족 모두 피곤해진다. 강희제와 라짱 칸은 초장에 싹을 아예 잘라버리기 위해 위험한 계획을 공모한다. 바로 6대 달라이 라마 창양 갸초를 폐하고 자신들이 손쉽게 다룰 수 있는 인물을 달라이 라마 자리에 앉히는 것이었다. 강희제와 라짱 칸에게는 다행스럽게도 창양 갸초는 달라이 라마와는 어울리지 않는 인물이었다. 그는 승려 생활에 별로 흥미를 느끼지 못했고 그보다는 사람들과 어울리는 것을 좋아했다. 사랑에 대한 시를 쓰는 게 취미였고 활쏘기도 즐겼다. 보통 달라이 라마가 되기 위해서는 몇 단계의 절차를 밟는다. 5세 무렵 머리를 깎고

법명을 부여받은 뒤 경전 공부를 시작하고 살생, 거짓말, 간음 등을 행하지 않겠다는 내용의 36개의 계율을 준수할 것을 맹세한 뒤 '게출'이라는 사미계沙彌戒를 받는다. 사미계란 출가한 사미가 지켜야 할 열 가지 계율을 말한다. 그 과정이 끝나면 보다 높은 수준의 교육을 받고 마침내 성년이 되면 완전한 승려가 되기 위해 '겔롱의 계'를 받는다. 그런데 창양 갸초가 불쑥 겔롱은커녕 게출 자격도 포기하겠다고 선언을 해 버린 것이다. 강희제와 라짱 칸에게 이보다 좋은 핑계는 없었다. 1706년 호쇼트 부족의 병사들이 창양 갸초를 포탈라 궁에서 끌어내 납치한다. 아무리 자신들이 생각하는 달라이 라마의 상과는 다르더라도 어쨌거나 창양 갸초는 티베트인들의 정신적인 지주이자 5대 달라이 라마의 환생이다. 티베트인들은 호쇼트 부족의 호송대를 습격했고 창양 갸초를 구해내지만 더 이상의 충돌을 바라지 않았던 창양 갸초는 사원을 포위한 호쇼트 부족에게 스스로 투항하는 것으로 달라이 라마의 생활을 끝낸다. 창양 갸초는 호쇼트 부족에게 끌려가기 전 쪽지 하나를 애인에게 건넨다. 쪽지라기보다는 내용이 난해한 짧은 시 한 수였다. 내용이 이렇다.

내게 그대의 날개를 빌려주오, 흰 두루미여.
나는 리탕에서 더 가지는 못하리.
거기서 다시 돌아오리라.

리탕은 티베트 동부에 있는 작은 마을이다. 호쇼트 부족은 창양 갸초를 북쪽으로 끌고 갔으니 뭔가 앞뒤가 안 맞는다. 그러나 후일 그의 환생인 7대 달라이 라마가 발견된 곳이 바로 리탕이었다. 후대인들이 짜

맞춘 것일까 아니면 정말 그런 예언을 했던 것일까. 판단은 각자의 몫이다. 창양 갸초는 끌려가던 도중 청해호 근처에서 사망한다. 라짱 칸은 창양 갸초가 거짓 달라이 라마라 주장하며 다른 젊은이를 6대 달라이 라마로 선포한다(가톨릭으로 치면 대립 교황). 당연히 티베트인들은 이를 받아들이지 않았다. 부덕한 행실에도 불구하고 창양 갸초를 5대의 환생이라고 믿었으며 게다가 감히 몽골인들 따위가 달라이 라마의 환생 문제에 관여하는 것을 인정할 수 없었기 때문이다. 이 무렵 리탕에서 창양 갸초의 환생으로 보이는 아이가 발견되었다는 소문이 돈다. 소문이 티베트인들의 희망으로 변하는 것은 시간문제였다. 라짱 칸은 아이를 없애버리려고 군사들을 보내지만 아이는 승려들이 이미 빼돌린 상태였다. 몽골인들 역시 달라이 라마라는 존재에 대해서는 약간의 경외감이 있었다. 그들은 리탕에서 발견된 아이가 진짜 달라이 라마일 수 있다는 생각에 라짱 칸을 비난하며 청나라 강희제에게 서신을 보내 아이의 보호를 요청한다. 공을 넘겨받은 강희제의 머리가 복잡해진다. 이제껏 했던 것처럼 라짱 칸을 지지하는 게 맞지만 혹시 사태가 라짱 칸에게 불리하게 전개되면 자신에게도 불똥이 튄다. 강희제는 약간 보험 드는 기분으로 군사를 보내 아이를 쿰붐 사원으로 데려와 연금시킨다. 황당해진 것은 라짱 칸이다. 그가 당황하는 사이 이번에는 라싸 주요 사원의 고승들이 준가르에 도움을 요청한다. 갈단의 조카인 체왕 랍탄에게 이보다 더 고마운 초대는 없었을 것이다. 그는 3천 명 병력을 라싸로 진군시킨다. 라싸의 시민들은 준가르 군대를 환영했고 기꺼이 성문을 열었다. 준가르 군대는 또 다른 군대가 리탕 출신 7대 달라이 라마 칼상 갸초를 호송해 라싸로 데려올 것이라며 라싸 시민들을 기쁘게 만들었다. 시내로 진입한 준가르 군은 호쇼트 군대를 격파했고 라짱 칸을 죽인다. 그가 세운 달라이 라마도 폐위되었으니 1717년의 일이다. 문제는 준가르 군이 7대 달라이 라마가 연금되어 있던 쿰붐 사원에 주둔하고 있던 청나라 군대에게 박살이 난 것이다. 라싸 시민들의 시선은 차가워지고 강희제의 개입은 빨라진다. 그는 청나라 군대에게 라싸로 진격하라 명령했고 쿰붐 사원의 7대 달라이 라마도 함께 라싸로 호송하도록 했다. 1720년 7대 달라이 라마를 호위한 청나라 군대가 라싸에 입성하고 준가르 군은 퇴각한다. 달라이 라마를 앞세워 호쇼트 부족과 준가르를 밀어냈으니 강희제의 판단은 옳았던 셈이다. 이 사건으로 티베트는 청나라의 보호를 받는 처지가 되고 청나라는 관료 몇 명과 소수의 군대를 주둔시켜 티베트의 간접지배에 들어간다. 간접지배라고는 했지만 형식적이고 상징적이었을 뿐이고 그나마 18세기 들어 외국 열강들에게 시달리기 시작하면서 청나라는 티베트에 대한 영향력을 유지하는 일 따위에는 관심이 없어진다. 두 나라 사이의 관계가 이렇다보니 당연히 티베트인들은 자신들이 청나라의 지배를 받고 있다고 생각하지 않았다. 1912년 청나라가 무너지자 티베트인들은 독립을 주장한다. 중국이 이 주장에 동의하지 않은 것은 물론이다. 국민당이나 공산당이나 할 것 없이 중국의 티베트 영유권을 주장했고 그들의 독립의지를 무시했다.

1959년 4월, 80여 명의 티베트인들이 국경을 넘어 인도로 들어온다. 24세의 14대 달라이 라마 텐진 갸초가 이끌고 온 티베트 망명객들이었다. 달라이 라마는 1935년생으로 2살 때 전대 달라이 라마의 현신을 인정받았고 4살 나이에 달라이 라마의 지위에 오른 인물이다. 이전 상황을 보자. 1949년 장개석의 국민당이 대만으로 쫓겨 가고 공산당이 중국 대륙을 석권한 직후 중국은 티베트가 중국 영토임을 공식적으로 선언한다. 1950년 10월 중국은 제국주의 압제로부터 300만 티베트 인민을 해방시키고 중국의 서부 국경 방어를 공고히 한다는 명분으로 티베트를 침공한다. 한국 전쟁에 세계의 이목이 쏠린 틈을 탄 기습적인 공격이었다. 4만여 명의 인민해방군은 8천여 명 티베트 군대를 수월하게 격파했고 이들은 정부를 장악한 뒤 티베트 관료들을 숙청했다. 처음부터 끝까지 강압적이었고 그 어떤 예의나 존중도 없었다. 브레드 피트가 주연으로 나온 영화 「티베트에서의 7년」이라는 영화를 보면 이때의 흉흉하고 살벌한 분위기를 실감할 수 있다. 당시 17세의 달라이 라마는 아무런 힘이 없었고 그저 지켜만 볼 뿐이었다. 티베트인들과의 무력 충돌에 대비해 공산당은 중국과 티베트를 연결하는 두 개의 도로를 건설했고 그 길이는 양 도로 모두 2,000km에 달했다. 1954년 공산당은 달라이 라마를 북경에서 열린 전인대회에 초청한다. 마오쩌뚱, 저우언라이 등이 참석한 이 전인대회에서 달라이 라마의 발언권은 없었다. 공산당은 달라이 라마를 티베트의 지도자가 아닌 티베트 소수 민족의 대표로 취급했다. 심지어 믿었던 인도의 네루마저 마오쩌뚱과 '평화공존 5원칙'을 발표하면서 중국의 티베트에 대한 주권을 인정해 버린다. 1956년 티베트 자치구를 구성하기 위한 51인 준비위원회가 발족된다. 물론 위원장은 달라이 라마였고 소수의 티베트인들이 포함되어 있었지만 실제 위원회를 주무른 건 당연히 한족들이었다. 1958년 들어 티베트 인들의 저항운동이 거세진다. 이들은 게릴라가 되어 공산군을 공격했고 티베트 남부와 동부 지역을 장악하면서 티베트 민족 해방 운동의 불길이 타오른다. 공산군은 이들에게 포격으로 응수하면서 보다 근원적인 해결책을 찾기 위해 달라이 라마를 이용할 계획을 세운다. 자신들의 수족으로 만들어 티베트 지배를 용이하게 하려는 생각이었다. 1959년 공산군은 달라이 라마를 납치할 요량으로 그를 연극에 초대한다. 호위병을 대동하지 말 것이 조건이었다. 소식을 접한 라싸 시민들은 불안한 마음에 달라이 라마가 머무는 노르부링카 궁전에 집결하기 시작했고 군중의 숫자는 순식간에 불어나 3만을 헤아리게 된다. 미세한 충돌도 거대한 유혈사태로 번질 수 있는 상황에서 달라이 라마는 자신이 떠나야 군중들이 해산할 것이라는 판단에 탈출을 결심한다. 3월 17일 그는 시내에서 5km 떨어진 언덕에서 동족을 위해 마지막 기도를 올린 후 보름을 걸어 인도로 들어갔다. 인도의 네루 수상은 그의 망명을 받아들인다고 공식적으로 선언했다. 달라이 라마가 빠져나온 라싸의 운명은 가혹했다. 3월 19일 달라이 라마도 없겠다 더 이상 눈치 볼 일이 없어진 공산군은 티베트의 심장이나 다름없는 포탈라 궁과 노르부링카 궁전에 포격을 개시했고 이어 탱크와 군대를 밀어 넣었다. 이때 죽은 티베트인들의 숫자는 1만 명에 달했다. 달라이 라마의 망명 소식이 알려지면서 티베트인들은 줄줄이 고향을 떠났다. 현재 인도 서북부에는 이렇게 모여든 티베트 망명 난민의 숫자가 10만여 명 가까이 된다.

종교를 인민의 아편으로 규정하는 공산주의 교리에 의해 불교 교단에 대한 탄압이 본격적으로 진행된다. 1958년 11만 명을 헤아리던 승려의 숫자는 1960년 1만 8천여 명으로 급속하게 줄어든다. 사원의 숫자는 더 급감했는데 2,711개였던 사원이 370개로 쪼그라든다. 승려가 아닌 반항적인 일반 티베트인들은 수용소로 끌려갔다. 1966년의 문화대혁명은 티베트를 피해가지 않았다. 그해 여름 참 멀게도 북경과 성도에서 수천 명의 홍위병이 라싸로 출발했고 이들에 의해 8월말부터 본격적인 파괴 활동이 벌어진다. 수만 권 불경이 불타는 가운데 조캉 사원의 벽화가 훼손당했고 보물들은 탈취되어 북경으로 수송되었다. 1968년에는 라싸 서북방을 중심으로 반란이 일어났지만 현대식 무기로 무장한 인민해방군을 이길 수는 없었다. 반란의 주동자들은 처참하게 살해되었고 또다시 독립 의지는 짓밟혔다. 1984년 티베트 망명 정부가 발표한 바에 따르면 이 시기 사망한 티베트인들의 숫자는 120만 명에 달하고 사인은 처형, 기아, 고문, 자살 등이었다. 이 수치는 티베트인 네 명 중 한 명이 죽었다는 얘기다. 이후 달라이 라마는 1979년부터 여러 나라를 돌며 티베트 독립 문제를 호소했지만 쉽지 않았다. 1988년 달라이 라마는 유럽 의회에 티베트에 대한 중국의 주권은 인정하되 자치권과 민주주의를 보장하는 내용의 방안을 제시한다. 서구 사회는 환영했고 중국은 들은 척도 안 했으며 티베트의 일부 자주파는 배신감을 드러냈다. 1988년 라싸에서 다시 대규모 반중 운동이 펼쳐진다. 중국공산당은 1989년 계엄령을 선포하는 것으로 이에 답했다. 같은 해 달라이 라마의 노벨 평화상 수상이 발표된다. 그는 수상 연설에서 비폭력을 말했다. 그러나 약자가 말하는 비폭력이란 얼마나 서글픈 것인가. 티베트 분리 독립 혹은 자치권 보장 요구는 오늘도 이어지고 있지만 확실한 것은 중국이 절대 티베트를 포기하지 않을 것이라는 사실이다. 중국 입장에서 티베트는 전략적인 측면뿐 아니라 군사적으로도 매우 중요하기 때문이다. 티베트는 지정학적으로 중국과 인도, 러시아 등 강국들과 맞물려 있으며 어느 나라든 이 지역을 지배하면 중국에게는 치명적인 위협이 된다. 게다가 티베트는 중국의 주요 상수원 공급원이다. 티베트는 많은 강들의 발원지로 이 지역에 비상 상황이 발생하면 중국 전역이 타격을 받을 수 있다. 게다가 티베트 사태를 잘못 처리할 경우 무슬림들이 살고 있는 신강新疆지역에서도 유사한 상황이 발생할 수 있다. 티베트에 독립이나 정치적 자립을 주는 일은 중국이 절대 선택할 수 없는 카드다. 티베트는 그래서, 슬픈 땅이다.

1988년의 사태로 일부가 돌아서긴 했지만 14대 달라이 라마에 대한 티베트인들의 존경과 헌신은 여전히 무한대다. 2003년 법회에서 불교도라면 생명을 존중하기 위하여 동물의 모피로 된 옷을 입지 않는 것이 좋다고 하자 세 시간도 안 되어 티베트 전역에서 모피 태우기 운동이 펼쳐졌다. 티베트는 부자 나라가 아니다. 그들에게 모피는 재산 1호이거나 그에 맞먹는 자산이다. 그런데도 티베트인들은 망설임 없이 자신의 재산을 태워버렸다. 서구는 놀랐고 중국은 당황했다. 그래서 현재도 중국은 달라이 라마와 관계된 문제에서는 항상 예민해진다. 달라이 라마를 대접하는 나라와는 외교적으로 단절까지 생각하는 게 중국이다. 누구도 쉽게 나서서 돕지 못하는 나라 티베트는 그래서 또 슬픈 땅이다.

16.
나도 슬퍼요 신장 위구르

티베트와 막상막하로 서글픈 게 신장 위구르 자치구다. 두 지역이 아니라 신강^{新疆}(중국어 발음으로는 신장이다. 이제부터는 익숙한 신장으로 표기한다)이 지역 이름이고 '위구르 자치구'는 법적 지위다. 신강이라는 말은 한자 그대로 새로운 땅의 경계 혹은 국토라는 뜻으로 청나라 건륭제 때 얻은 땅이라는 의미에서 유래했다. 중화인민공화국 건국 후 신장 위구르 자치구가 되었다. 티베트와 다른 게 있다면 이들이 무슬림이라는 사실이다.

티베트에 달라이 라마가 있다면 신장 위구르에는 마명심^{馬明心}이 있다. 이슬람식으로는 무함마드 아민이라고 한다. 청나라 건륭제 때 인물로 이슬람교도들의 상징적인 지도자다. 물론 6세기부터 본격적으로 역사에 등장한 위구르족을 이 한 인물로 설명할 수는 없다. 그러나 현대 위구르의 상황을 설명하는 데 이 사람만큼 적당한 사람도 없다. 위구르 제국에 대해 간단한 설명부터 하자. 위구르 칸국은 741년 동돌궐을 멸망시키면서 세워졌다가 848년 키르기스인의 침공으로 멸망했다. 이들은 탁발선비처럼 중국문화에 동화되는 것을 선택하는 대신 소그드인들의 문화를 받아들였고 마니교를 국교로 삼았다. 이후 불교, 기독교, 경교 신앙을 신봉했고 이슬람으로 개종하기 시작한 것은 11세기 무렵부터다.

마명심은 1719년 현재의 중국 감숙성 임하臨夏라는 곳에서 태어났다(감숙성은 신장, 내몽골 등의 자치구를 제외하면 원래 중국 영토의 서북쪽 끝에 위치한 성). 바로 전 해 아버지가 사망해 유복자 타이틀을 얻었고 유년 시절 어머니와 할아버지가 연달아 세상을 떠나는 슬픔을 겪는다. 혈족이라고는 가난한 숙부 밖에 없었는데 이는 이슬람의 창시자 무함마드의 유년 시기와 완벽하게 일치한다. 아홉 살이 되던 해 마명심은 숙부와 메카로 순례를 떠난다. 돈 한 푼 없이 출발한 성지순례였고 중앙아시아를 통과하던 중 사막에서 모래폭풍을 만나 숙부는 실종, 마명심은 가까스로 구출되어 현재의 우즈베키스탄 중부에 있는 부하라의 한 이슬람 교단에 맡겨진다(이슬람은 고아를 중요하게 챙긴다). 품성이 올발랐던 마명심은 교단의 장로에게 신임을 얻었고 그를 따라 꿈에도 그리던 메카 순례를 다녀온다. 이후 예멘의 자바드라는 도시에서 본격적으로 이슬람 교리를 배웠고 10년 만에 고국으로 돌아온다. 1744년의 일로 그를 가르친 장로의 적극적인 권유 때문이었다. 장로는 마명심 외에 다른 후계자를 두지 않겠다고 했는데 이 일화 때문에 마명심의 추종자들은 자신들 교단의 뿌리는 아라비아에 있고 가지는 중국에 있다고 말한다.

중국에 돌아온 마명심은 기존 교단의 행태를 신랄하게 비판한다. 허례가 너무 많이 낀 예배와 신도들의 헌금이 가난한 사람들이 아닌 아홍(중국식 무슬림들의 종교 지도자)이나 모스크의 건축에 쓰이는 것을 오리지

널로 이슬람을 공부하고 온 마명심은 그냥 보아 넘길 수 없었다. 그의 주장에 공감하는 추종자들이 늘어났고 그보다 높은 비율로 적대자들이 생겨났다. 특히 마명심의 비판에 예민해진 것은 감숙에서 최대의 교세를 자랑하던 화사花寺라는 이름의 교단이었다(여기에서의 '사寺'는 불교사원을 말하는 것이 아니라 중국에서 모스크를 부를 때 쓰는 말이다. 모양새는 전통 모스크와 전혀 달라 고풍스럽고 고즈넉한 한옥 스타일이다). 마명심의 가르침 중 기존 교단과 가장 큰 차이를 보인 것이 '디크르dhikr'다. 디크르는 생각을 뜻하는 아랍어로 말 그대로 알라를 생각하며 절대자와의 합일을 추구하는 행위를 말한다. 신은 위대하다(알라흐 아크바르) 혹은 알라에게 영광 있으라와 같은 문장을 일정한 행위와 함께 반복하는데 자기와 신과의 이원적 대립을 초월한 망아忘我 상태를 추구하는 것이다. 마명심의 디크르는 소리를 입 밖으로 크게 낸다는 점에서 입안에서 옹알거리는 기존교단의 디크르와 달랐다. 목소리를 높인다해서 '디크르 자흐르高念'이라고 불렀고 자흐르는 이후 이들을 지칭하는 이름이 된다. 소리의 크고 작음이 뭐 중요하냐 하실지 모르겠다. 중요하다. 가령 그리스도교에서 소리 높여 송가를 부르는 집단과 입술만 달싹대는 집단을 떠올려 보자. 둘이 같은 종파라고 볼 수 있을까. 디크르도 마찬가지다. 신을 찬미하는 디크르를 어떻게 표현할 것인가는 이단異端 논쟁을 촉발할 수 있는 중요한 요소다. 마명심의 청빈은 세를 불려가는 또 하나의 요인이었다. 그는 마로 짠 옷을 입고 동굴을 파서 만든 집에 살며 빈궁한 사람들과 교제했다. 사람들이 몰리는 것은 당연한 일이다.

청나라는 신흥교단인 자흐르를 신교라 부르고 화사 등 기존 교단을

구교라 불러 이를 구별했고 토착민들 사이의 문제라 여겨 분쟁에 개입
하지 않는 것을 원칙으로 했다. 그러나 양측의 충돌이 빈번해지고 규모
가 커지자 이를 더는 방관할 수 없게 되었다. 1781년 화사 교단 측에서
총독을 회유하여 자흐르를 토벌하는 군사 작전을 감행한다. 자흐르파
입장에서는 선택의 여지가 없었다. 총독이 보낸 장군을 살해했고 교파
간 분쟁은 순식간에 청나라에 대한 반란으로 비화된다. 마명심의 자흐
르에서 주도적인 역할을 했던 것이 소사십삼^{蘇四十三}이라는 인물이다. 청
나라 정부가 마명심을 잡아들이자 소사십삼과 마명심의 딸 살리마^{色力買}
는 그를 구출하기 위한 작전에 돌입한다(딸 이름이 무함마드의 딸 파티마와
닮은 것은 우연이 아니라고 본다. 마명심은 무함마드와 자신을 동일시하고 있었던
것이 아닐까. 그의 아랍 식 이름도 그렇고). 위기에 몰린 수비대장은 마명심을
성벽 위로 끌고 올라가 소사십삼과 살리마를 설득하도록 하지만 마명심
은 꾸란의 한 구절을 읽은 뒤 자신의 지팡이와 흰색 터번을 풀어 성벽 아
래로 던지며 지팡이를 보는 것이 바로 자기를 보는 것이라며 사실상 전
투를 독려한다. 수비대장은 반란군 일당을 회유하기 위해 열흘 뒤 그를
풀어주겠다고 약속한 뒤 성벽 아래서 마명심을 죽여 버린다. 이튿날 청
나라 지원군은 도착했고 수비대장은 그 즉시 반군을 공격한다. 이 전투
에서 살리마가 살해됐고 반군은 화림산 근거지로 퇴각한다. 청나라군은
이를 쫓아 공격을 계속하지만 성전^{聖戰}으로 사망할 경우 100% 천국에
가는 이슬람의 교리 상 반군은 항복하지 않고 결사적으로 저항한다. 그
러나 수적인 열세를 감당할 수는 없었고 결국 중상을 입은 일부가 포로
로 잡히고 나머지는 모조리 전사하는 것으로 반란은 종결된다.

마명심의 죽음은 그 후 100년에 걸쳐 계속되는 성전의 시작을 알리는 사건이었다. 그는 순교자라는 뜻의 샤히드가 되었고 반란의 정신적인 지도자가 된다. 청나라는 반란을 진압하는 과정에서 무슬림 전체를 의심하게 된다. 구교, 신교 할 것 없이 탄압의 대상이 되었고 회족回族의 수가 늘어나는 것을 막기 위해 한족 출신의 고아를 양자로 들이는 것까지 엄금했다. 그러나 그런다고 한번 붙은 신앙의 불길과 저항이 꺼질 리 없었다. 마명심의 반란이 있고 80년이 지난 1862년, 또다시 대규모 봉기가 일어난다. 구교, 신교가 똘똘 뭉쳤고 기꺼이 순교자가 되려는 무슬림들은 죽기 살기로 청나라에 달려든다. 이로부터 10여 년간 중국 서북쪽은 회족의 반복적인 봉기와 청나라의 강경 진압으로 몸살을 앓는다. 그러나 1871년 자흐르 교단의 5대 교주 마화룡이 청군에게 잡혀죽으면서 봉기는 막을 내린다. 이제 무슬림들은 선택을 해야 했다. 신앙을 반납하고 청조에 투항하거나 고향을 버리고 떠나는 것이었다. 살던 곳을 버리고 떠난 회족들은 세 갈래로 나뉘어 러시아로 넘어갔다. 7천여 명에 달하는 한겨울에 4,500m의 고개를 넘어 죽음의 행군을 했다. 현재 이들의 후손은 카자흐스탄과 키르기스스탄에 살고 있다.

마화룡의 뒤를 이은 것은 마명심의 4대 손인 마원장이다. 신해혁명으로 청조가 무너지자 자흐르 교단은 본격적으로 교세를 확장하기 시작한다. 청나라에 밟히고 살았을 때는 그토록 단결이 잘 되던 무슬림들이지만 압제가 사라지자 분열하여 몇 개의 파로 나눠진다. 여기에 이들을 자기편으로 끌어들이려는 국민당과 공산당 그리고 각지의 군벌들까지 개입하면서 분열은 가속화된다. 1949년 공산당이 중국을 통일한 후 마원장의 아들인 마진애가 주류 세력을 이끌면서 공산당 정부와 손을 잡는다. 그는 중국 이슬람 협회 부주임과 회족자치구 인민정부의 부주석을 역임했다.

신장 위구르 자치구는 문화 대혁명이나 대약진 운동으로 인한 피해가 비교적 덜했다. 애초에 인구 밀도가 낮은 지역인데다 소련과 국경을 접하고 있어 중국 정부가 나름 이미지 관리를 했기 때문이다. 그렇다고 고생을 아예 안 한 것은 아니다. 문화 대혁명 동안 신장 동부의 무슬림 한족을 중심으로 제법 많은 사상자가 발생했고 신장 지역 내 이슬람과 위구르 전통문화도 심각한 타격을 입었다. 전통 문화를 가격하는 방식은 공개적으로 꾸란을 태우거나 이슬람이 질색하는 돼지 사육장을 만드는 등의 질 낮은 탄압이었다. 이러한 탄압은 현재까지도 이어지고 있다. 2017년부터 중국 정부는 신장 지역 모스크를 8천 500개 정도를 완전히 파괴했으며 7천500개를 훼손했다. 파괴된 모스크의 수는 신장 지역 전체 모스크의 3분의 2 정도에 해당한다고 한다. 티베트의 경우처럼 중국 공산당은 해당 지역에 한족을 대거 이주시켜 지역을 머릿수로 장악하는 수법을 구사했는데 티베트만큼의 효과는 거두지 못했다. 무슬림 위구르족들은 비*무슬림 한족과의 결혼을 기피했고 위구르인들의 출산율이 한족을 압도하면서 위구르인 인구 비율이 한족보다 더 높은 상황이 지속된다. 1985년 현재 신장 총인구 1,360만 명 중 위구르족은 630만 명이고 한족은 535만 명이다. 1944년 총인구 400만 명이던 시절 위구르족이 75%, 한족이 5%에 불과했던 것을 생각하면 상당히 빠른(출산율로는 설명이 안 되는) 성장세지만 다자녀 출산이 특기인 무슬림도 성장은 만만치 않아 보인다. 하나의 중국 정책이 신장 위구르 자치구에서 실패했다는 평가가 나오면서 중국 정부는 2010년대 후반 위구르인들을 대상으로 한 신장 재교육 캠프라는 시설을 개소한다. 말이 좋아 캠프지 사실상 강제 수용소로 한 언론 보도에 따르면 위구르족 성인 인구의 12% 가량이 수감되었다고 한다. 캠프 내에서는 불법 감금, 강제 노동, 고문과 강간 등 성범죄가 일상이었고 인권의 ㅇ자도 찾아볼 수 없었다. 캠프에서 나온 뒤 미국으로 망명한 위구르인 여성 미흐리굴 투르순은 미국에서 『What has happened to me』라는 책을 출간해 캠프 내 실상을 폭로했다. 40m²의 방에서 68명이 생활했고 누울 공간이 없어 2시간마다 교대로 잠을 잤으며 낮에는 중국 주석에 대한 찬양, 공산당에 대한 감사를 외우는 일이 반복된 끝에 3개월 만에 9명이 사망했다는 등의 내용이 담긴 이 책은 미국에서 베스트셀러가 되었다(더 끔찍한 내용도 많지만 지나치게 선정적이어서 생략한다). 국제적인 비난이 쏟아지는 가운데 2019년 중국 정부는 수용인원 100만여 명이 모두 다 테러리스트냐는 질문에 위구르 수용소는 직업 재교육 장소라고 답변했다. 위성사진 분석 결과 2020년 현재 강제 수용시설이 기존의 400여 개에서 수십 개 더 늘어났다고 한다. 지금도 위구르족으로 중심으로 분리주의 운동이 이어지고는 있지만 현실적인 가능성은 희박하다. 티베트가 다른 지역의 모범이 될 것을 우려하여 목줄을 계속 조이는 것처럼 신장 위구르 역시 티베트 등 다른 지역으로 자유가 확산될 것을 원천봉쇄하기 위해 중국 정부가 민족적, 종교적 탄압의 끈을 늦추지 않고 있기 때문이다.

17.
중앙유라시아, 중국 그리고 디지털 유목민의 시대

중앙유라시아는 유라시아 대륙 중심에 자리 잡은 광대한 지역이다. 그러나 이는 지리적인 용어라기보다는 문화적인 개념에 가깝다. 자연환경이 강제하는 삶의 방식에 따라 문명은 극히 부분적으로만 가능하고 대부분의 주민들은 인류가 신석기 시대 말기부터 알고 있던 목축과 유목의 생활을 수천 년째 반복했기 때문이다. 기원전 2천년 시기의 사람들이 기원후 12세기 사람들과 공존한 셈인데 구체적으로 말하자면 중앙유라시아 북부의 유목민과 황하 이남의 정주민들이다. 툭하면 가뭄이 들어 초목이 마르고 가축이 폐사하는 북부의 끔찍한 자연환경에서 경작 지역에 대한 유목민들의 주기적인 침투는 자연의 법칙이었다. 유목민들은 정주민 공동체를 습격했고 자신들에게 패배한 사람들의 지배자로 지역에 눌러앉았다. 이렇게 해서 통합 끝? 아니다. 북방의 초원 깊숙한 곳에서는 새로운 그리고 더 굶주린 유목 집단이 출현하고 이들은 남하하여 출세한 자신들의 사촌을 짓밟고 새로운 지배자가 되었다. 이런 리듬은 흉노족이 낙양에 들어갔을 때부터 만주족 청나라가 북경에 입성할 때까지 무려 1,300년이나 반복된다. 물질문명에서는 뒤쳐졌지만 유목민들은 항상 엄청난 군사적 우위를 점하고 있었기 때문이다. 그러나 16세기를 기점으로 유목민은 주변 지역에 대한 군사적 우위를 상실한다. 기동력 역시 새로운 교통수단의 등장으로 과거의 영광에 빛이 바래기 시작한다. 최종적으로 총포의 보편화는 유목민과 정주민의 입지를 완전히 역전시켰다. 그런 의미에서 청나라는 시기적으로 운이 좋은 제국이었다. 반농반목의 처지에서 중원을 차지했고 이후에는 총포를 동원해 북방 유목민들을 굴복시켰기 때문이다. 그러면 유목민과 정주민은 내내 침략과 침탈의 관계로만 관계를 이어왔을까.

성을 쌓는 자는 망하고 이동하는 사람은 살아남는다고 했다. 반만 맞는 말이다. 성을 쌓지 않으면 문화가 축적되지 않는다. 초원의 유목민과 오아시스 정주민은 그런 의미에서 일종의 공생관계였다. 유목민은 정주민의 교역 활동을 보호하면서 통행세 명목으로 상업적 이익의 일부를 챙겼고 정주민을 통하여 문화적 욕구를 충족했다. 유목민은 실어 나르고 정주민은 이를 바탕으로 새로운 문화를 창조하는 것이 초원과 사막과 농경이 어우러지는 중앙유라시아라는 독자적인 체계였던 것이다. 가령 수당隨唐 제국의 출현은 이런 패턴의 시작으로 5호 16국 시대라는 유목세계와 정주민 세계의 충돌이 만들어낸 이벤트였다. 15세기 중반 사마르칸트의 티무르 제국이 휘청거리는 사이 서양에서는 대항해 시대가 열린다. 바다 시대의 개막은 낙타에 짐을 싣고 사막을 오가는 대상 무역을 원시적인 관행으로 만들어버렸고 이는 서구의 우위와 중앙유라시아 세계의 몰락을 말해주는 상징적인 사건이었다. 이후 서구 세력이 해양으로 진출하는 동안 제정 러시아와 중원은 중앙유라시아로 행진했다. 청나라는 17세기 초반과 말에 내몽골과 외몽골을 그리고 18세기 중반 서쪽 몽골을 자국 영토에 편입하는 한편 신장과 티베트까지 세력권에 넣으면서 현재 중화인민공화국의 서북부가 모두 청나라의 지배 아래 들어갔다. 제정 러시아는 1581년부터 우랄산맥을 넘어 동진하더니 1639년 태평양 연안에 도착했다. 19세기 중엽에는 카자흐, 투르크멘 기마 군단을 격파하며 이 지역 전체를 식민지로 만들었다. 중앙유라시아의 완벽한 패배이자 유목민 시대의 종말이었다.

그럼 유목민의 시대는 완전히 끝난 것일까. 그들의 무력武力은 무력無力이 되었지만 유목민의 스타일은 20세기 후반 들어 화려하게 부활했다. 이른바 디지털 유목민들이 등장한 것이다. 디지털 유목민은 삶을 영위하는 방식에서 원격 통신 기술을 적극 활용하는 사람들을 일컫는 말이다. 이들은 국가와 국경에 얽매이지 않으며 고정된 사무실에서 일하는 전통적인 방식이 아닌 다른 나라에서 그리고 사무실이 아닌 카페나 공공도서관 등의 공간에서 원격으로 일하며 인생을 살아간다. 어딘가에 묶여있지 않다는 점에서 이들은 과거 유목 민족의 긍정적인 유산을 그대로 물려받은 존재다. 그 외에도 디지털 유목민은 정보력이 뛰어나다는 점에서 유목민족의 혈통을 잇고 있으며 관용적이고(인종이나 종족에 대해 무심) 자신들의 가치관에 맞는 통치 체계와 생활양식 등을 갖춘 집단이 출현하면 기꺼이 투항하여 일원이 되는 측면에서도 공통점을 보인다. 역사 서술의 주도권이 서구로 넘어가면서 초원 유목민족들의 역사는 헝클어지고 윤색되었으며 일부는 사라져 버렸다. 그러나 인간은 멈추어 있기보다는 이동하는 존재다. 초원 유목민들은 그것을 땅에서 실현했고 우리는 지금 네트워크상에서 실현하는 중이다. 유목민족의 역사는 끝났지만 유목민족의 삶의 방식은 우리의 삶에 그대로 녹아있다.

살아남은 세계사 – 초원의 역사

초판 1쇄 발행   2024년 8월 26일

지은이   남정욱
펴낸이   안병훈
펴낸곳   도서출판 기파랑
등 록   2004. 12. 27 제300-2004-204호
주 소   서울시 종로구 대학로8가길 56 동숭빌딩 301호   우편번호 03086
전 화   02-763-8996(편집부) 02-3288-0077(영업마케팅부)
팩 스   02-763-8936
이메일   info@guiparang.com
홈페이지 www.guiparang.com

ISBN 978-89-6523-494-4   03900